l'ABCdaire

Nicolas de Barry
Maïté Turonnet
Georges Vindry

Flammarion

LES QUESTIONS QUE L'ON SE POSE

Notre planète est un monde de senteurs. Chaque animal, chaque plante, chaque lieu dispense une odeur qui lui est propre. Quand et pourquoi l'homme a-t-il commencé à vouloir élaborer des parfums ?

La parfumerie moderne est une importante industrie et son commerce est d'envergure internationale. Mais avant d'être reproduit à des milliers d'exemplaires, le parfum est imaginé comme une composition unique et sa genèse s'accomplit toujours dans le plus grand secret. Comment crée-t-on un parfum ?

Lorsqu'il faut choisir un parfum, la publicité nous guide le plus souvent vers les dernières créations des parfumeurs. Pourtant, la parfumerie possède ses grands classiques indémodables. Quels sont les grands parfums qui ont marqué l'histoire de la parfumerie ?

COMMENT L'ABC*daire* Y RÉPOND...

Le guide de l'abécédaire p. 6

Il permet de comprendre l'univers du parfum en regroupant les notices de l'abécédaire selon trois perspectives. Un code de couleurs indique le genre de chaque notice :

■ Les senteurs : les essences, les créations.

■ La pratique : la fabrication, les usages.

■ Le contexte : l'histoire, l'économie.

À partir de la lecture de ces notices, et grâce aux renvois signalés par les astérisques, le lecteur voyage comme il lui plaît dans l'abécédaire.

L'abécédaire p. 29

Par ordre alphabétique, on trouvera dans ces notices tout ce qu'il faut savoir sur le parfum. L'information est complétée par les éclairages suivants :

- des commentaires détaillés sur les principales essences ;
- des encadrés qui précisent le contexte dans lequel s'inscrivent la fabrication et les utilisations du parfum.

Le Parfum raconté p. 11

En tête de l'ouvrage, cette synthèse reprend l'articulation du guide de l'abécédaire en développant chacun de ses thèmes.

ISSEY

G U I D E

I. LA PARFUMERIE EN OCCIDENT

A. Les origines

Le parfum apparaît à l'aube des grandes civilisations, en Égypte, à Sumer, en Chine ou en Inde. Les substances odorantes sont utilisées aussi bien lors de rites religieux que pour les plaisirs de la vie quotidienne. Elles apportent un raffinement supplémentaire en cuisine, leurs vertus trouvent des applications en médecine. L'échange des précieuses matières parfumées entraîne la création de routes commerciales, itinéraires tortueux et variables suivant les aléas de l'histoire. Corinthe est la première à regrouper le négoce des aromates, la fabrication des parfums et de leurs flacons.

- *Alambic*
- *Antiquité*
- *Aromathérapie*
- *Cuisine parfumée*
- *Encens*
- *Épices*
- *Inde*
- *Intérieur (parfum d')*
- *Rites*
- *Routes*
- *Traités*

B. L'invention de la parfumerie moderne

La parfumerie médiévale reste entravée par des moyens techniques et des produits limités. Au XVe-XVIe siècle, les travaux des botanistes allemands et des ingénieurs vénitiens améliorent l'alambic, augmentent le nombre des huiles essentielles extraites par distillation et permettent la naissance de la parfumerie alcoolique. L'industrie de la parfumerie française, née à Grasse au XVIIIe siècle, domine l'Europe au siècle suivant. C'est à Paris, dans les « années folles », que s'opère une mutation capitale : le parfum devient un produit de haute couture alors que, parallèlement, il se démocratise.

- *Air du Temps (L')*
- *Années folles*
- *Arpège*
- *Chanel n° 5*
- *Corps de métiers*
- *Couturiers parfumeurs*
- *Flacon*
- *France*
- *Grasse*
- *Hygiène*
- *Italie*
- *Jicky*
- *Joy*
- *Moyen Âge*
- *Vent Vert*

II. FABRICATION ET COMMERCIALISATION

A. L'alchimie de la création

L'élaboration d'un parfum commence par la définition d'un concept « marketing », qui décidera de l'image et du nom du produit, du design de son conditionnement. Le commanditaire confie la création du parfum proprement dit à un « nez ». Celui-ci traduit par une combinaison d'odeurs complexes un climat poétique et imaginaire. Cette combinaison se concrétisera sous la forme d'un concentré mêlant essences naturelles et essence synthétiques, qui, diversement dilué dans de l'alcool, donnera extrait, parfum, eau de parfum ou eau de toilette.

- *Concentration*
- *Conditionnement*
- *Conservation*
- *Consommation*
- *Création*
- *Écoles*
- *Extraction*
- *Fabrication*
- *Naturels (composants)*
- *Nez*
- *Récolte*
- *Secret*
- *Synthétiques*

B. Le parfum : produit commercial

L'industrie moderne de la parfumerie est née après la Première Guerre mondiale. Elle a permis une démocratisation accrue des produits, toujours plus complexes mais de moins en moins chers. Aujourd'hui, la majorité des parfums sont concentrés entre cinq ou six multinationales qui, en prise directe avec la mode, multiplient les produits éphémères. Source d'immenses profits, le marché a également généré la multiplication des contrefaçons. Parallèlement subsistent quelques parfumeurs indépendants qui perpétuent la tradition des parfums d'exception.

- *Angel*
- *Boutiques*
- *CK One*
- *Collections*
- *Contrefaçon*
- *Démocratisation*
- *États-Unis*
- *Indépendants*
- *Industrie*
- *Opium*
- *Prix*
- *Production*
- *Publicité*
- *Youth Dew*

III. SENTEURS ET USAGES

A. L'univers mystérieux des senteurs

Le premier parfum alcoolique connu était de type soliflore. En Occident, l'on a parfois privilégié les parfums puissants, voire violents, mais toujours pour en revenir aux douces fragrances florales. Le règne de la rose ou du jasmin, les deux grandes dames de la parfumerie, ne fléchit qu'avec l'apparition des produits de synthèses qui amènent plus de diversité dans les compositions. Aujourd'hui, les parfums sont regroupés en sept grandes familles, diversement colorées suivant la tonalité de leurs ingrédients, eux-mêmes classés en vingt-six archétypes.

- *Animales (essences)*
- *Chypre*
- *Cologne (Eau de)*
- *Familles de parfum*
- *Hespéridés*
- *Iris*
- *Jasmin*
- *Jeu*
- *Lavande*
- *Myrrhe*
- *Rose*
- *Santal*
- *Soliflore*
- *Tubéreuse*
- *Vétiver*

B. Le parfum pour qui et pour quoi ?

La différenciation entre parfums féminins et masculins appartient à une époque récente (le XIXe siècle) et a surtout cours en Occident. Encore que les parfums pour hommes se fassent de plus en plus souvent fleuris et fruités, et que les parfums androgynes aient rencontré un vaste succès au milieu des années 1990. Ceci confirme la dimension essentiellement culturelle du parfum, qui possède ses codes et son langage. Cependant, la peau de chacun réagissant différemment aux composants d'un parfum, il ne devrait exister d'autre règle que de tester les fragrances avant de choisir celle avec laquelle on se sentira en symbiose.

- *Androgyne*
- *Choisir*
- *Eau Sauvage*
- *Érotisme*
- *Langage*
- *Littérature*
- *Masculin/féminin*
- *Mémoire olfactive*
- *Odeur*
- *Olfaction*
- *Peau*
- *Sport*
- *Suggestivité*
- *Ténacité*
- *Volatilité*

LE SIEN
JEAN PATOU
PARIS

LE PARFUM RACONTÉ

La parfumerie n'a rien de futile. Il s'agit d'un grand phénomène de société qui, associant parfumerie et maquillage, indifférent pendant des millénaires aux mutations politiques, sociales ou religieuses, est présent dans toutes les civilisations et associé à toutes les cultures. Mais nulle part au monde la parfumerie n'a constitué, comme elle l'a fait en Occident, un phénomène technique et économique d'une telle ampleur.

L'évolution de la parfumerie doit être abordée en tenant constamment compte de quatre éléments variables : l'évolution des sociétés, les structures économiques, la progression des techniques, l'hédonisme. Négliger l'un ou l'autre, c'est perdre le fil d'une histoire particulièrement complexe, déjà brouillée par nos habitudes et nos préjugés.

Il existe de grandes aires géographiques dont chacune correspond à un comportement à l'égard des parfums. La zone qui nous est la mieux perceptible est évidemment celle qui constitue l'ensemble du monde occidental, où les symboles, les modes, les pratiques commerciales sont semblables pendant deux millénaires, celui qui précède et celui qui suit le Moyen* Âge.

Alabastre à décor en relief, IIe siècle av. J.-C. Céramique, h. 16,5. Alexandrie, Musée gréco-romain.

I. La parfumerie en Occident

A. Les origines

Pour qui veut suivre l'histoire de la parfumerie, il n'y a pas de bon ou de mauvais parfum, de flacon* beau ou laid. Ces notions subjectives doivent s'effacer pour laisser la place à l'essentiel : les attitudes de l'être humain à l'égard de certaines odeurs* qu'il a détournées de leur fonction première et s'est appropriées. Il peut les utiliser comme source de plaisir, moyen de séduction, ou les associer à un rituel* religieux grâce auquel il pourra approcher, au-delà du visible, le sacré et le divin.

Dans l'Antiquité*, durant quelque trois millénaires et malgré le bouleversement permanent des royaumes et des peuples, ont cohabité harmonieusement de multiples usages de substances odoriférantes à des fins profanes et sacrées. Les moyens de production assez rudimentaires – broyer, piler, presser, bouillir, imprégner, filtrer – nous sont connus par des archives comptables, quelques traités*, la littérature* et une iconographie souvent très précise. Mais les termes

Parfums de Jean Patou dans leurs flacons d'origine.

Thoutmosis III offrant l'encens au dieu Amon, Égypte, XVIIIe dynastie. Grès. Paris, musée du Louvre.

employés sont parfois laconiques, imprécis, et rendent difficile l'interprétation de certaines recettes. À tout ceci s'ajoutent les témoignages apportés par des fouilles archéologiques récentes à Jérusalem, Délos et Paestum, où de véritables ateliers de parfum ont été mis au jour, avec une partie de leur matériel. L'extrême subtilité des pratiques opératoires égyptiennes a frappé les conquérants arabes qui ont fait du nom même de l'Égypte* – *Kymi*, « la terre noire » – le symbole des activités de laboratoire, en créant le terme *Al-kemy* (alchimie).

Les grands empires agraires nous sont relativement étrangers. Il n'en va pas de même de la Grèce. Au VIe siècle avant notre ère, la puissance cité maritime de Corinthe a eu l'idée d'associer méthodiquement le négoce des aromates orientaux, l'élaboration des parfums et la fabrication des flacons en terre cuite destinés à les commercialiser. Corinthe a pour ainsi dire inventé le « marketing », en donnant à ces flacons – aryballes et alabastres déclinés en tailles dégressives – des formes attractives, insolites, amusantes, symboliques, ou en les décorant d'images mythologiques.

La société individualiste, libérale et capitaliste gréco-romaine préfigure celle qui naît et se développe à partir du milieu du XVe siècle.

Le Marchand d'encens. Miniature extraite du *Tractabus de herbis* de Dioscoride, manuscrit du XVᵉ siècle. Modène, Biblioteca Estense.

Société progressivement libérée des contraintes chrétiennes, où l'on remet en valeur la célébration du corps féminin, la mystique de la beauté et l'exaltation profane des sens, suivant les étapes des conquêtes d'une bourgeoisie matérialiste, soucieuse de son apparence.

B. L'invention de la parfumerie moderne

L'Antiquité connaissait l'alambic* mais ignorait la fabrication de l'alcool, se contentant de corps gras aromatisés, d'eaux, de poudres et d'essences obtenues par pression. L'alcool est mentionné pour la première fois en Italie*, au VIIIᵉ siècle. Au XIVᵉ siècle apparaît un alcoolat de romarin et d'essence de térébenthine, moins parfum que remède universel, auquel on a donné – première exemple de stratégie

Le Bain. Tenture de *La Vie seigneuriale,* début du XVIe siècle. Paris, musée national du Moyen Âge.

publicitaire moderne – le nom d'*Eau de la Reine de Hongrie,* souveraine mythique à qui cette eau aurait rendu et conservé une éclatante jeunesse.

La parfumerie médiévale, à note dominante douce, semble avoir longtemps suffi à une société à qui les Croisades ont apporté l'usage des bains publics, des boules de savon (le vrai savon) et de l'eau de rose*. On peut y ajouter l'esquisse d'un nouvel art de vivre, celui découvert par les croisés dans la ville la plus somptueuse et la plus

élégante, Constantinople. La perte de Constantinople, conquise en 1453 par les Ottomans, achève d'asseoir la puissance de Venise. C'est là que naît la parfumerie moderne, au tout début du XVIe siècle. Les travaux des botanistes allemands et des ingénieurs vénitiens améliorent l'alambic, augmentent le nombre des huiles essentielles extraites* par distillation, et permettent la naissance de la parfumerie alcoolique qui d'italienne ne tardera pas à devenir française. Pendant plus de trois siècles, malgré l'apport de quelques fragrances nouvelles, cette parfumerie évolue peu, se contentant de parfums floraux enrichis de quelques notes animales*.

Au XIXe siècle, le développement du conditionnement* fabriqué en série, l'essor industriel, les grandes expositions internationales et l'apparition des grands magasins amorcent une mutation, bientôt suivie par l'arrivée des premiers produits de synthèse*. Malgré trois brillantes créations* dues à Houbigant, Guerlain et L. T. Piver, l'association entre produits naturels* et produits de synthèse ne séduit pas les parfumeurs. Il faut attendre l'arrivée d'un autodidacte de génie, François Coty, pour que naisse la parfumerie telle que nous la connaissons aujourd'hui, fondée sur une architecture olfactive très subtile, où végétaux et corps synthétiques s'articulent pour créer des fragrances entièrement nouvelles.

Georges VINDRY

En haut : dessin publicitaire pour le parfum *Muguet des Bois* de François Coty, 1936.

Fabrique Guerlain, à Paris, XIXe siècle.

II. Fabrication et commercialisation

A. L'alchimie de la création

Comment se crée un parfum ? De quelle alchimie est-il le fruit ? Est-il produit par d'habiles artisans parfumeurs ou par des chimistes spécialisés en manipulations de laboratoire ? On se pose la question et on ne sait où chercher la réponse. Peut-être parce que le parfum est un domaine si mystérieux – et si souvent jalousement gardé secret* – que le profane ne saurait, sauf initiation patentée, y avoir accès. Et quand un admirable roman, *Le Parfum* de Patrick Süskind, vient en divulguer quelques principes, c'est pour plonger le lecteur dans la complexité psychologique du parfumeur Grenouille, savant et talentueux créateur mais aussi assassin méticuleux et obscène !

Aujourd'hui, lorsqu'un Serge Lutens arpente le souk de Marrakech pour matérialiser dans sa mémoire* olfactive une composition comme les Muscs Koublaï Khan (Les Salons du Palais Royal – Shiseido), que Jean Laporte (Le Maître Parfumeur et Gantier) crée un parfum au café, ou que Lorenzo Villoresi, à Florence, tente de traduire la demande d'un client en élaborant un parfum féminin qui évoque la sueur du cheval, la démarche de ces nouveaux parfumeurs indépendants* a bien quelque chose d'étrange et de poétique. Mais, dans le même temps, d'autres parfumeurs travaillent dans l'anonymat de grandes multinationales à la fabrication* de parfums toujours plus complexes qui peuvent être reproduits dans les filiales dispersées dans le monde entier (un peu comme la firme Coca-Cola, capable de produire sa fameuse boisson en Chine comme au Brésil ou en Virginie, avec des produits locaux).

Le grand parfumeur Edmond Roudnitska, le nez* fameux de Dior, se lamentait de l'évolution de la parfumerie contemporaine qui,

selon lui, ne laisserait plus de place au créateur. La compétition est rude en effet pour un produit qui se veut toujours plus accessible et dont l'objectif est de séduire la population mondiale. Au Brésil, les sociétés de vente à domicile, comme Avon ou Natura, distribuent leurs produits dans les villages les plus reculés d'Amazonie, où la population est encore analphabète ! Une évolution qui aurait surpris Cléopâtre, pour qui le parfum était un apanage divin, réservé à l'élite princière de l'Égypte ancienne, et sans doute également Jeanne Lanvin ou Coco Chanel, qui croyaient que le parfum serait un complément – on dirait aujourd'hui un accessoire – de la couture*, non sa locomotive.

Pages précédentes : Jean-Paul Guerlain sélectionnant du jasmin en Inde.

Salle de travail d'Annick Goutal à la *Certosa di Pontignano*, résidence d'artistes en Toscane.

B. Le parfum : produit commercial

Pour les grandes marques, le lancement d'un nouveau parfum est une affaire bien plus importante que la prochaine collection de haute couture et le défilé médiatisé qui l'accompagnera. Plusieurs millions de dollars seront en jeu, et le droit à l'erreur ne sera pas accordé au parfumeur qui aura la rude tache, sur la base d'un descriptif préparé par des directeurs de marketing et les agences de publicité*, de créer un parfum sensé battre à plate couture les concurrents sur le terrain saturé des grands magasins ou des *duty-free.* À ce stade, le parfum créé n'est plus une œuvre d'art, c'est un produit performant, au même titre qu'une nouvelle voiture...

Publicité pour les produits de toilette *Morny*, 1919.

Le développement des produits synthétiques a permis aux parfumeurs ainsi qu'aux grands laboratoires – qui produisent aussi bien parfums et dentifrices, crèmes hydratantes et arômes alimentaires – de créer des produits toujours plus « ciblés » et d'un coût plus faible, économie de marché oblige. Jamais le parfum n'a été aussi complexe dans sa composition et jamais il n'a été moins cher ! On peut même prédire que son prix* baissera encore : non pas tant à cause du parfum lui-même – qui représente entre 1 et 3 % du prix de vente du flacon –, mais du fait des restructurations industrielles* (tous les parfums ou presque sont désormais concentrés entre cinq ou six multinationales comme LVMH, L'Oréal ou E. Lauder), de la grande

distribution et, demain, de nouveaux sites de vente, comme Internet.
Pourtant, quoi de plus antique, quoi de plus traditionnel qu'un parfum ? Venues d'Orient, objet de la convoitise des grands de ce monde et même des dieux qui, selon les Grecs, en étaient friands, les essences qui envoûtaient nos aïeux avaient d'abord des vertus pratiques. Car le parfum nous envoûte, mais il nous soigne également, et le cas échéant éloigne le mauvais œil… Du moins en était-il ainsi pour les Égyptiens ou les Indiens, pour Louis XIV ou George Sand. Celle-ci cultivait dans son jardin de Nohant des plantes aromatiques et tentait de traiter les souffrances de Chopin par le jasmin*, la fleur d'oranger et le tilleul ; elle commandait à son parfumeur un *Patchouli* qui avait sa préférence. Le parfum, c'est le « chant mystérieux et poétique de la nature », célébré par Omar Khayam ou Charles Baudelaire.
Certes, aujourd'hui, la publicité tente de maintenir cette ambiance de rêve que le parfum fait naître. De fait l'olfaction*, plus que tout autre sens, est intimement liée à la mémoire, et elle peut être le moteur du souvenir, du *Temps retrouvé*, comme le décrit si subtile-

Publicité réalisée pour le parfum *Les Fleurs*, des pharmacies anglaises Boots.

En Avion, parfum créé par Caron, 1930.

Affiche de la maison Glockengasse, représentant ses boutiques à Londres, Riga et Odessa, et ses cinq usines, 1900.

ment Marcel Proust dans *À la recherche du temps perdu* (la fameuse « madeleine », parfumée au citron ou à la bergamote). D'un produit de luxe, le parfum est devenu un produit de masse. Lorsque, à la question « Que mettez-vous pour dormir », Marilyn Monroe répondait « Du *Chanel n°5* », elle était encore une privilégiée. Aujourd'hui, l'eau de toilette *Chanel* n°5*, la plus vendue dans le monde, est à la portée de presque toutes les bourses et permet, pour quelques dollars, de s'identifier à un mythe…

III. Senteurs et usages

A. L'univers mystérieux des senteurs

Dans l'univers mystérieux des senteurs, les parfums ont pris des noms exotiques, souvent liés aux essences principales dont ils étaient constitués. Ainsi classe-t-on les parfums en sept « familles* » : les chyprés (en référence au fameux *Chypre** de Coty), les fougères, les cuirs, les orientaux-ambrés, les hespéridés*, les boisés et les floraux.

La grande nouveauté a été l'utilisation systématique de l'alcool comme conservant et diluant à partir du XVIe siècle. Auparavant, le parfum était un mélange d'essences naturelles pures : les plus recherchées étaient la rose, le jasmin et la tubéreuse*, pour les fleurs ; l'ambre, le musc, la civette, le santal*, l'encens* et la myrrhe*, comme « fixateurs ». Grâce à l'alcool, on put utiliser des essences plus fraîches et plus volatiles*, des herbes telles que le romarin, la sauge ou le thym, des fleurs comme la lavande*, ou les hespéridés.

Private Collection, parfum d'Estée Lauder.

Ainsi sont nées les premières eaux de Cologne*, appréciées de Catherine de Médicis ou de Napoléon Ier. Ces parfums très dilués servent alors de produits d'hygiène*, préférés pour se laver aux eaux impures et porteuses de germes des grandes épidémies. Napoléon en utilisait plusieurs litres par jour et même s'en abreuvait. Jusqu'au XIXe siècle, la croyance universelle est que l'odeur nauséabonde est le vecteur des maladies, et le parfum sert d'abord à éloigner les miasmes…

Les produits parfumés sont chers et l'apanage des élites. Simon Barbe, parfumeur du Dauphin, écrit en 1699 un précis qui donne la liste de ceux qu'un homme bien né se doit d'utiliser : il parfumera ses gants – parfumeurs et gantiers forment un même corps* de métier –, tous ses accessoires en cuir, ses perruques, ses habits ; il s'enduira de pommades parfumées, se poudrera (poudre d'iris*, par exemple) et se parfumera ; il boira des vinaigres et des liqueurs parfumés, prisera du tabac parfumé, fera brûler des pastilles odoriférantes à l'intérieur* de sa maison garnie de pots-pourris, etc.

Les dépenses de la cour de Versailles en cette matière étaient énormes – bien plus importantes que pour la nourriture – et celles de Joséphine de Beauharnais font la joie des gazetiers.

Si, dans les sociétés orientales, le parfum conserve ses valeurs médicinale, religieuse, ésotérique mais aussi érotique*, dans l'Occident puritain du XIXe et du début de ce siècle, on tente par contre de chasser de nos alcôves cette « émanation du diable ». La sensualité revient avec les « années* folles », qui voient la création de grands classiques comme *Chanel n° 5*, *Shalimar* ou *Arpège**.

Aujourd'hui, assujettie aux « effets de mode » – dont les derniers aléas sont le parfum « androgyne* » et les senteurs « ozonales » –, la parfumerie risque de se couper de son histoire. De très grands parfums ne sont plus commercialisés parce que « démodés ». Ainsi la rose a presque disparu, alors que le santal est à la hausse. Heureusement, certaines marques comme Patou, Lancôme ou Guerlain,

Pages précédentes : aération des pétales de roses, usine Givaudan-Roure, à Grasse.

Gantière-parfumeuse au XVIIIe siècle. Gravure.

rééditent leurs anciens parfums. L'*Eau de Catherine de Médicis*, produite par Santa Maria Novella, à Florence, connaît un nouveau succès. Espérons que l'édition des parfums du passé redonnera à la parfumerie la dimension historique qu'elle est en train de perdre…

B. Le parfum pour qui et pour quoi ?

Pourquoi et comment utiliser un parfum ? Seulement pour « sentir bon » ou, au-delà, comme une discipline, une recherche d'identité et de bien-être général ?

L'aromathérapie* est une pratique très ancienne. Chez certains Indiens d'Amazonie, elle consiste à se frotter le corps avec des plantes odorantes. Chez les premières grandes civilisations, elle est

Femme parfumant ses vêtements avec de l'encens, sultanat d'Oman.

souvent liée à des rites* religieux. Dans l'Égypte ancienne, le parfum, associé sans doute à des produits narcotiques, était employé dans les temples pour subjuguer les fidèles. Ce sont les mêmes produits qui étaient utilisés – notamment l'huile essentielle de cèdre et d'encens – pour embaumer les morts, c'est-à-dire pour les rendre immortels.

Aujourd'hui, il existe une grande variété de courants, tous marqués par la pensée orientale où le corps et l'esprit se trouvent rassemblés, où l'usage d'essences permet d'équilibrer l'individu et ainsi de le guérir. Cette notion d'équilibre, dans une société hantée par le stress, correspond à une nouvelle image du parfum, comme le remarque Tsutomu Saito, du Centre de recherche de Shiseido : « Le consommateur veut utiliser un parfum qui le préserve des stress sociaux et des pollutions ambiantes. » Les recherches menées par Shiseido, avant le lancement de son premier parfum anti-stress, ont démontré l'effet tranquillisant des senteurs en général et de certaines essences en particulier. Le consommateur* attendra de plus en plus de son parfum qu'il l'aide à se « sentir bien dans sa peau » et non plus seulement à sentir bon. La séduction elle-même ne passe plus tant par l'effet produit sur autrui que sur soi-même : « Si je suis belle et équilibrée, je séduirai », pourrait être la profession de foi de la femme et de l'homme de demain.

Cette recherche de bien-être et d'identité, le consommateur est aujourd'hui en mesure de la transformer en conquête, en choisissant un parfum parmi les innombrables nouveautés à la mode, parmi les grands classiques des marques, parmi les rééditions, ou encore dans les boutiques* plus sophistiquées qui renouent avec la tradition des

Femme au Népal.

artisans parfumeurs et des essences naturelles, telles que Les Salons du Palais Royal, Annick Goutal, Patricia de Nicolai, Le Maître Parfumeur et Gantier, La Rose de Rosine, etc., pour ne citer que quelques adresses parisiennes.

Mais c'est d'abord en connaissant sa peau* que l'on découvrira son identité, car chaque individu a sa propre odeur et ses propres réactions aux autres odeurs. L'idéal serait donc de créer un parfum pour chacun, voire que chacun crée soi-même son parfum, en maîtrisant ses goûts, ses pulsions, sa mémoire olfactive et en gagnant ainsi sa liberté de choisir* son unique parfum…

Nicolas de Barry

Flacons de *L'Air du Temps* dessinés par René Lalique entre 1948 et 1998.

Air du Temps (L')

Parfum de stars (celui de Claudia Cardinale et de Lady Diana) *L'Air du Temps* est le deuxième parfum de la maison de couture* Ricci, après *Cœur-Joie*. Après-guerre, la haute couture est en crise... Robert Ricci est l'un des premiers à « sentir » que le parfum peut être un accessoire « rentable ». Créateur de *L'Air du Temps* en 1948, le parfumeur Francis Fabron (voir Nez) se souvient que Ricci voulait un parfum très différent, une note florale très légère, le contre-pied de *Joy**. Il utilise pour la première fois le salicylate de benzyle pour reconstituer un œillet léger, qu'enveloppe une harmonie de fleurs où aucune ne domine. Avec cette novation chimique, *L'Air du Temps* inaugure l'ère des parfums à « sillage », qui « tiennent la note » toute la journée (voir Ténacité).

L'Air du Temps est d'abord un best-seller outre Atlantique, où Ricci est l'un des premiers Français à tenter sa chance, avant de s'imposer comme un immense succès en France*. Le marketing et l'emballage ne sont pas étrangers à ce succès : deux colombes qui s'embrassent pour le flacon*, un chef-d'œuvre de Lalique (voir Conditionnement), et un emballage jaune bouton-d'or... Paix et optimisme : ce à quoi rêvent les jeunes filles de l'après-guerre ! Aujourd'hui encore, ce parfum est le joyau de la maison Ricci. NDB

Alambic

L'alambic sert à la distillation de végétaux ou de liquides placés dans un récipient chauffé, coiffé d'une coupole qui condense les vapeurs ; un dispositif permet de les refroidir pour les amener à l'état liquide. Le plus ancien alambic connu, en terre cuite, a été trouvé à Taxila, un des hauts lieux du bouddhisme au Pakistan. Le terme premier, *al-Ambik*, a une double origine, grecque et arabe. Le petit *ambi-*

Essenciers appelés « vases florentins », où sont récupérées les huiles distillées dans l'alambic.

Alambic, gravure sur bois, XVIe siècle.

kos grec antique*, simple dôme à bords repliés en dedans, recouvert de chiffons mouillés, fut perfectionné par les Byzantins et les Arabes. Celui utilisé en Perse abbasside, plus grand et en cuivre, fut amélioré grâce à un serpentin baignant dans l'eau de refroidissement. Dans l'Italie* et l'Allemagne de la Renaissance sont mises au point les deux formes dites « à tête de Maure » et « à serpentin ». Les alambics ne changeront qu'à la fin du XIXe siècle, pour répondre aux besoins de l'industrie* : de grande taille, en cuivre puis en métal inoxydable, ils sont alors chauffés de façon uniforme par la circulation de vapeur d'eau, adaptés aux substances à traiter puis à la distillation sous vide (voir Extraction). En dernier lieu sont apparus des appareils à distillation fractionnée, qui permettent d'isoler ou d'éliminer dans une substance complexe certains corps odorants, au laboratoire ou dans les « colonnes » industrielles, hautes de plusieurs mètres. GV

Affiche publicitaire pour *CK One* de Calvin Klein.

Androgyne

Hormis la notable exception des eaux de Cologne*, senteurs d'hygiène* plus que de séduction, le parfum est un puissant support au fantasme sexuel (voir Érotisme). L'argumentaire du marketing est donc tout entier tourné vers les signes

extérieurs de féminité enrubannée ou de virilité massive et bien carrossée. On imagine mal une dame en vison s'offrant un vaporisateur de *Drakkar Noir* de Guy Laroche. Ou un monsieur raisonnable s'enroulant dans *Shalimar* de Guerlain (voir Masculin/féminin). Aussi bien les parfums androgynes sont-ils rares et un phénomène récent.
La première tentative de fragrances unisexes date des années 1970, en pleine mouvance hippie, égalité hommes/femmes, liberté des corps... Ce fut un échec total. Et nul ne se souvient des *M W* d'Orlane, *Double Mixte* de Révillon et autres *Partage* de Fabergé qui tentèrent alors la percée. Ce n'est que vingt ans plus tard, au tournant de notre décennie, que les parfums mixtes, rebaptisés « androgynes », sont devenus une vraie tendance avec le raz de marée *CK* One* de Calvin Klein.
Cette petite eau fraîche teintée d'embruns, jouant sur l'ambiguïté sexuelle et le minimalisme du look (voir Conditionnement), fut un coup de génie de marketing et le plus grand succès des vingt dernières années. Après une foule de clones plus ou moins réussis, le genre androgyne semble pourtant être assez vite passé de mode. MT

Angel

Il est difficile de créer* des parfums vraiment nouveaux. C'est pourtant ce qu'a réussi Thierry Mugler avec *Angel*. Styliste français parmi les plus renommés des années 1980 et photographe professionnel, Mugler a créé des images de femmes qui n'appartiennent qu'à lui. Il n'a certes pas composé la fragrance d'*Angel*, mais il a dessiné la forme étoilée du flacon* (voir Conditionnement) et en a choisi la couleur : le bleu clair, couleur fétiche de sa maison de couture*, mais inhabituelle en parfumerie. Il a également réalisé les deux premières photographies qui ont lancé le parfum. En 1992, c'est Estelle Hallyday juchée au sommet d'un gratte-ciel de New York, habillée d'un tailleur noir et d'une mousseline étoilée, qui donne une impression de vertige. En 1995, Mugler photographie Jerry Hall, femme fatale et luxueuse, au milieu du désert de White Sands, au Nouveau Mexique.
Si on s'est d'abord arraché ce parfum à cause de la beauté des campagnes publicitaires* et surtout du flacon bleu, l'originalité de son jus en fait désormais le plus vendu des parfums de création récente, en Europe. L'idée, simple, a consisté, sur la base d'un classique oriental (voir Famille) où domine le patchouli, à laisser s'épanouir des senteurs de bonbons, des notes de chocolat, vanille et caramel. NDB

Affiche publicitaire pour *Angel* de Thierry Mugler.

ANIMALES (ESSENCES)

Les quatre produits parfumés tirés des mammifères, le musc, le castoréum, la civette et l'ambre, sont aujourd'hui au ban de « l'écologiquement correct ». Les troupeaux de chevrotins porte-musc, natifs des hauteurs himalayennes et, pour leur malheur, dotés de glandes sexuelles délicieusement parfumées, ont en effet depuis mille ans été presque décimés par les chasseurs ; les trafiquants pris en flagrant délit sont désormais condamnés à avoir une main coupée et à une amende exorbitante.

En revanche, les civettes, sorte de chats sauvages peu aimables de l'Est africain, s'adaptent parfaitement à l'élevage et au curetage anal dont elles font l'objet pour la récolte de leurs sécrétions odorantes. Quant au cachalot des mers australes, en principe, il ne devrait jamais craindre d'être tué aux fins de la parfumerie : on n'emploie son calcul rénal, nommé ambre gris, que lorsque celui-ci a été rejeté par le corps de l'animal puis séché plusieurs années au bord d'un littoral ensoleillé ; l'ambre frais, prélevé sur les cachalots que les Japonais continuent de tuer pour en faire de la pâtée pour chat, ne vaut rien, ne durcit jamais et reste inutilisable. Pour ce qui est des castors, s'il est vrai qu'il faut les occire avant d'en retirer les poches de castoréum, leur protection par les ligues américaines a permis à l'espèce de proliférer à nouveau. À tel point que ces rongeurs, qui sont, comme chacun sait, d'infatigables bûcherons, pourraient mettre en danger l'équilibre de la forêt canadienne.

Reste que les essences animales (voir Extraction) sont des produits splendidement vivants, vibrants, chaleureux, et qu'à ce jour nulle synthèse* n'a su réellement les remplacer. Sauf, à reprendre l'exploitation, délaissée depuis deux siècles, des humeurs du rat musqué, de l'alligator, de la mofette ou de la mouche gitane, ou à réactualiser les tambouilles que les parfumeurs utilisaient encore il y a quelques années, à base de sang séché, crottes de lapin, algues déshydratées et copeaux de cèdre. MT

Civette.

Essences de castoréum et de musc.

Parfumerie Fragonard
INFUSION
MUSC TONKIN

ANNÉES FOLLES
Une mutation sans précédent

La Première Guerre mondiale est à peine terminée que l'Europe est prise d'une frénésie de création et d'optimisme qu'il est difficile d'imaginer aujourd'hui. Une génération se croit alors débarrassée définitivement du spectre de la guerre, du nationalisme étriqué, la révolution russe apparaît comme un bain de jouvence. Serge Diaguilev enthousiasme Paris avec les Ballets russes, l'exposition des Arts décoratifs de 1925 impose l'art nègre, les cubistes s'affirment, le Japon est à la mode (voir Jeu).

La parfumerie va connaître durant ces « années folles », une mutation sans précédent. Coco Chanel, qui révolutionne l'image de la femme, sera la première à donner le ton. Elle veut un parfum différent des doucereuses roses* et fleurs blanches qu'avait imposées Poiret : ce sera *Chanel* n° 5*, en 1921, le premier parfum aldéhydé. Pour la première fois aussi, en 1924, une maison de couture crée une société de parfums : la grande dame de la mode fonde les Parfums Chanel en association avec les frères Wertheimer, industriels rencontrés sur le champ de courses de Deauville. L'exemple de Chanel est bientôt suivi par d'autres couturiers* : Patou lance *Amour Amour* et *Que Sais-Je ?* en 1925, puis *Joy** en 1929 ; Jeanne Lanvin crée *Arpège** en 1927. Les grands noms de la parfumerie, comme Caron ou Guerlain (voir Jicky), entrent aussi dans la danse : Guerlain lance *Shalimar* en 1925. En quelques années, le « quarté gagnant », *Chanel n° 5*, *Shalimar*, *Joy* et *Arpège*, a été réalisé : ils sont encore aujourd'hui des valeurs sures et des best-sellers. Ils ont contribué à transformer le parfum artisanal « de parfumeur » (voir Indépendants) en une industrie* qui dépasse le cadre de l'alchimie des senteurs. Dix ans d'imagination : dix « années folles ». NDB

« Dans la parfumerie, l'artiste achève l'odeur initiale de la nature dont il taille la senteur, et il la monte ainsi qu'un joaillier épure l'eau d'une pierre et la fait valoir. »

Joris-Karl Huysmans, *À rebours*, 1884.

Femme versant du parfum dans un flacon. Fresque de la villa Farnesina, Ier siècle ap. J.-C. Rome, musée des Thermes.

ANTIQUITÉ : LES TRÉSORS D'ORIENT

En mettant au jour, en Asie Mineure, des milliers de tablettes gravées de signes cunéiformes, les archéologues ont restitué des archives économiques s'étendant, de Sumer à la Perse, sur 3 000 ans. Elles ont révélé toute l'ampleur du rôle commercial de l'Orient, qui fut dans l'Antiquité le plus grand marché de matières premières de parfumerie, locales ou venues de fort loin. Leur négoce a contribué à la fortune des Phéniciens, à la fondation de Palmyre, de Pétra, d'Antioche. L'encens* a permis la création des royaumes de l'Arabie dont la richesse immense survivra à travers la légende de la reine de Saba.

La parfumerie grecque apparaît et se développe d'abord dans les grandes îles, en Crète minoenne et surtout à Chypre, autre carrefour commercial très actif, patrie mythique d'Aphrodite. Les forêts de l'île du Cuivre, ses mousses d'arbre (le chypre*), ses huiles à la rose*, à l'iris*, ses « bouilleurs d'onguents » étaient célèbres. Aux VIe et VIIe siècles av. J.-C., la cité maritime de Corinthe sut habilement associer le marché des matières premières, l'élaboration des parfums et la fabrication de beaux flacons* décorés, en terre cuite, déclinés comme les nôtres en tailles dégressives. Athènes, qui tira du commerce des produits de luxe une partie de son opulence, a poursuivi ce type d'association qui préfigure celle de Venise (voir Italie).

Au IVe siècle av. J.-C., la ville nouvelle d'Alexandrie a réalisé une brillante synthèse des savoirs du monde grec, de l'Orient et de l'Égypte*. Rome, célèbre par sa consommation effrénée de produits de luxe, n'a rien ajouté à la parfumerie alexandrine, mais a profondément modifié le conditionnement* des parfums en remplaçant la céramique par le verre, léger, lavable et apte à recevoir tous les genres d'ornementation. GV

Devant la glace. Peinture de William Albert Ablett extraite de *L'Illustration*, 1926.

Aromathérapie

La vogue contemporaine de l'aromathérapie ne doit pas faire oublier qu'il s'agit là d'une pratique très ancienne. Les tribus indiennes d'Amazonie utilisent des plantes et des mélanges odorants pour se soigner et écarter le « mauvais œil ». Dans l'Égypte* ancienne, l'usage de fumigations de parfums était à la fois religieux (voir Rites) et médical : les prêtres disposaient de tout un répertoire de mélanges d'huiles essentielles (et probablement aussi de narcotiques) pour traiter les maux tant physiques que psychiques. La pratique médicale consistait en inhalation par fumigation ou bien en massages et frictions avec des huiles de macération, mélangées à des huiles essentielles. Cette pratique a été reprise et développée par les Grecs qui ont aussi utilisé les essences dans des boissons parfumées, à des fins thérapeutiques. L'aromathérapie par bains de vapeur parfumés et par massages avec des huiles était d'un usage courant dans les thermes romains et s'est maintenue dans le monde arabe. Elle a été développée au XIe siècle par Avicenne. Le recours à des plantes aux propriétés insecticides et bactéricides a été constant tant en Orient que progressivement en Occident jusqu'au XIXe siècle, surtout en périodes d'épidémies.

Le terme « aromathérapie » a été inventé en 1928, par le chimiste français R.-M. Gattefossé qui intitule ainsi un ouvrage où il reprend les antiques* pratiques en leur donnant un contenu scientifique moderne (notamment en dermatologie). L'Italien Paolo Rovesti, interprétant Freud, systématisa l'usage des essences dans les traitements psychologiques. Certaines huiles essentielles (voir Extraction) sont connues pour leurs effets propres, comme par exemple la lavande* pour les engelures, le genévrier pour la circulation, le fenouil pour la constipation, l'eucalyptus pour les sinusites, etc. Suivant les cas, le transfert des vertus des huiles essentielles se fait par voie orale (à dose homéopathique), par inhalation (« osmothérapie ») ou par voie cutanée, en bains et massages. NDB

Théodore Chasseriau, *Le Tépidarium*, 1853. H/t 171 × 258. Paris, musée d'Orsay.

Arpège de Jeanne Lanvin, 1927. Flacon dessiné par Paul Riber et bouchon d'Armand Rateau.

Arpège

Plus qu'un parfum, c'est une histoire d'amour maternel. Jeanne Lanvin a commencé comme petite main, décorant des chapeaux, avant de s'installer en 1885, à dix-huit ans, dans un minuscule atelier de couture*, rue du Marché-Saint-Honoré. En 1927, elle est une reine de la mode, la seule grande rivale de Coco Chanel. Sa fille unique, Marie-Blanche, qui est musicienne, va fêter ses 30 ans. Jeanne Lanvin, qui a déjà créé des dizaines de robes pour elle depuis qu'elle est enfant, veut lui faire un cadeau sublime. Ce sera un parfum : le « plus beau parfum du monde »... Elle fait dessiner un flacon* en forme de pomme (voir Conditionnement), orné de l'image stylisée d'une mère tenant sa fille par la main. Son nom musical, *Arpège*, est un hommage au talent de Marie-Blanche.

À cette époque, Jeanne Lanvin a déjà lancé quatorze parfums. Elle dispose de sa propre usine, à Nanterre, et d'un « nez* » tout dévoué : André Fraysse qui n'a que vingt-cinq ans. Il décline les essences les plus chères : rose* de Bulgarie, jasmin* de Grasse*, une soixantaine de notes florales qui s'apaisent dans un fond d'iris* et de vanille. Marie-Blanche est envoûtée, comme ensuite Mistinguett, Yvonne Printemps, Colette et Louise de Vilmorin, qui décrit ainsi *Arpège* : « Une fragrance qui sent à la fois les fleurs, les fruits, la fourrure et les feuilles. » NDB

Boutiques

Où faire ses emplettes ? À chacun selon son goût, mais aussi selon ses aspirations : les parfumeries classiques ne sont les

Le hall des parfums chez *Harrods*, Londres, 1944.

Salle des ventes de l'*Officina Farmaceutica de Santa Maria Novella,* Florence.

dépositaires que d'un certain nombre de marques et leur offre reste limitée. Les grands magasins, évidement plus vastes, sont mieux pourvus mais l'accueil y est parfois impersonnel. Les nouveaux espaces type Sephora pratiquent quant à eux une politique d'ouverture maximale : c'est là que les curieux dénicheront les succès étrangers non commercialisés ailleurs. Les duty-free des aéroports, qui débitent des centaines de flacons à l'heure, proposent des prix* souvent imbattables. Enfin, les boutiques des parfumeurs indépendants* ne vendent que leurs propres œuvres, souvent en exclusivité.

Ainsi les très précieux et extraordinaires Salons du Palais Royal – Shiseido (galerie de Valois, à Paris) sont-ils le seul endroit au monde (hors Internet et Minitel) où l'on puisse se procurer les somptueux parfums de Serge Lutens (voir Nez) parus sous cette marque. À Florence, la célébrissime Officina Farmaceutica de Santa Maria Novella est un rendez-vous incontournable pour les amateurs de raretés, parfois très anciennes (la fabrication* de senteurs y remonte au début du XVe siècle).

À Paris toujours, Octée (rue des Quatre-Vents), la boutique Le Maître Parfumeur et Gantier (rue de Grenelle) et celles de l'exquise Annick Goutal valent pareillement le détour. À New York, on ira chez Barney's faire le plein de trésors insoupçonnés. À Londres, on ne manquera pas la Norfolk Lavender, située dans la Queen's Gallery de Buckingham Palace, où l'on peut s'offrir l'eau de lavande* la plus chic du monde, produite sur les terres de Sa Majesté. MT

Chanel n° 5

Lorsqu'en 1921 Gabrielle Chanel (voir Couturiers) décide de lancer un parfum à sa griffe, la mode est aux fragrances capiteuses et poudrées. « L'ange exterminateur de la mode », comme l'appelle Jean Cocteau, est une révolutionnaire. Elle veut du jamais senti, « un par-

Coco Chanel, 1935.

fum de femme à odeur* de femme ». Sa rencontre avec le parfumeur Ernest Beaux (voir Nez) sera décisive. L'époque est bouillonnante... Stravinsky, Picasso, Breton, Dada. Les compositions d'Ernest Beaux sont de la même veine.

C'est pour alléger une première ébauche, saturée de jasmin* somptueux, qu'il décide d'employer les aldéhydes aliphatiques, solutions dont la propriété (encore ignorée car personne n'a osé s'y frotter) est d'exalter les notes associées. Il choisit l'overdose. La légende parle d'erreur de manipulation : c'est un trait de génie.

Quatre-vingt ans plus tard, *Chanel n° 5* resplendit toujours d'un éclat unique, fulgurant. De même le nom, quasi abstrait, et le flacon*, impeccable épure (voir Conditionnement), sont indémodables. MT

CHINE ANCIENNE
Une recherche d'harmonie

Venu du Proche-Orient par la route* des caravanes, puis par bateau de l'Inde* et du Sud-Est asiatique, l'encens* est la senteur la plus ancienne et la plus répandue en Chine. Ces diverses résines étaient utilisées par toutes les classes d'une société soumise à d'innombrables rituels*. Façonné en pâtes séchées auxquelles l'on donnait diverses formes utilitaires et symboliques, l'encens se consumait dans les temples, les palais, devant les autels des ancêtres, pour faire fuir les démons de la maison (voir Intérieur) ou, plus prosaïquement, pour en chasser les insectes. Disposés dans les alvéoles d'ingénieux petits récipients en métal, leurs combustions successives permettaient de mesurer la fuite du temps. La soie, le musc et certains végétaux odoriférants de la Chine du Sud s'échangeaient pour obtenir l'encens, la myrrhe*, le styrax de l'Asie Mineure, l'aloès d'Indochine, le girofle des îles Moluques, le patchouli de Malaisie, le liquidambar d'Indonésie et quantité d'aromates relevant une cuisine* particulièrement recherchée. Aux senteurs prescrites dans les cérémonies religieuses, impériales et privées s'ajoutaient, développées à l'époque raffinée des Song (960-1276), celles dont faisait usage la classe des lettrés suivant un jeu* de subtiles résonances : il y avait des fragrances pour accompagner les saisons, la musique, la méditation, la poésie, l'amour... La maison elle-même s'imprégnait des odeurs* balsamiques de bois choisis parmi les essences aromatiques – pin, santal*, cèdre, thuya – auxquels on associait des pots-pourris et des fleurs. Dans un ensemble délicatement mesuré, les parfums utilisés par les hommes et les femmes étaient fort discrets de façon à ne pas troubler la recherche de l'harmonie. GV

Porteurs d'encens (détail), Dunhuang, 981 ap. J.-C. Peinture sur soie. Paris, musée Guimet.

Women, film de George Cukor, 1939.

Choisir

Le choix de la note juste, du parfum idoine ? Comme vous voulez, comme vous l'aimez ! Oubliez ce que l'on vous a dit sur les peaux* de brun(e)s ou de blond(e)s, sur les convenances, sur les usages. Un parfum pour homme sur une femme (voir Masculin/féminin) ? Pourquoi pas ? (17 % des consommatrices* allemandes n'en portent pas d'autres). Une goutte de *Chanel n° 5** le jour de vos quinze ans ? Oui, si votre mère est d'accord pour que vous utilisiez le sien… Une lavande* à minuit ? Excellent moyen pour faire de doux rêves. L'essentiel est d'être suffisamment en symbiose avec sa fragrance pour oublier sa présence. Comme un vêtement trop petit ou mal taillé, un parfum qui fait hiatus semble rigide, envahissant, et colle à la peau sans s'y fondre. Rédhibitoire !

Avant tout achat, il convient donc de tester l'objet de son désir. Demander un échantillon n'a pas d'autre but. (Va-t-on se lasser ? Comment l'épiderme va-t-il réagir ? L'effluve sera-t-il au goût de nos proches ?) Essayez-le plusieurs fois, à divers moments de la journée : l'odorat est variable (voir Olfaction), sensible à la pollution, à la fatigue ou au stress, et les matières premières, instables, sont différemment perçues selon les heures. Seul impératif : ne pas incommoder les autres. S'il est essentiel de se sentir bien dans sa fragrance, il est fortement conseillé de penser à son entourage. Donc, de la discrétion et de la mesure. MT

Publicité pour les parfums Coty, début du XXe siècle.

Chypre

C'est en se souvenant que l'île de Chypre était déjà célèbre dans l'Antiquité* pour le savoir-faire de ses parfumeurs, en se souvenant aussi qu'à la fin du Moyen* Âge on désignait sous ce nom toutes sortes de poudres odoriférantes, que François Coty décida de baptiser ainsi sa vingt et unième fragrance, lancée en 1917. Celle qui allait devenir son plus grand succès et qui le ferait passer à la postérité. De la bergamote, du jasmin*, de la coumarine qui sent le foin, un peu de vanilline, beaucoup de patchouli et de vétiver* plus une admirable mousse de chêne : l'accord est renversant, magnifique, et bouleverse le métier au point d'inaugurer une nouvelle famille* olfactive, celle des parfums chyprés (la plus féconde après celle des parfums floraux). Hespéridés*, jasmin ou rose*, mousse de chêne ou autre note boisée : la formule triangulaire magique court du *Chanel n° 5** à *Femme* de Rochas, en passant par *Mitsouko* de Guerlain, *Eau* Sauvage* de Dior, *Calèche* d'Hermès ou *Mon Parfum* de Paloma Picasso. Bref : le chypre est immortel. MT

CK One de Calvin Klein.

CK One

Que d'encre a fait couler cette eau. Que de bruit, éclats de haine et passions jalouses. Lancé en 1995, au plus fort de la vague *grunge* et des années sida, *CK One* est un produit de marketing formidablement intelligent, apparemment provocateur mais très « politiquement correct ».

La campagne publicitaire*, en noir et blanc, montre une dizaine de jeunes gens (impression de clan), noirs, jaunes ou blancs quoique tous pareillement blafards, garçons et filles indifférenciés ou sexuellement inversés (on reconnaît quelques célébrités de la scène homosexuelle new-yorkaise), vêtus/dévêtus de jeans déchirés.

Le flacon* est minimaliste (voir Conditionnement), en forme de bidon au bouchon d'aluminium, la senteur est mixte et proprette.

La rencontre de *CK One* avec le public adolescent est fulgurante : des millions de bouteilles vendues, la place de numéro un aux États-Unis*, en Angleterre, en Allemagne et en Italie* (voir Consommation), une incalculable quantité de copies…

Reste que ce n'est guère qu'une petite eau de Cologne*, mouillée d'eau de mer, avec une pointe d'ananas. MT

GUERLAIN
MITSOUKO
PARIS

Collections

Les créations* de la parfumerie moderne ont longtemps été dédaignées par les collectionneurs. Aujourd'hui, n'importe quel objet ou document concernant la parfumerie entre dans une collection. De nombreux ouvrages, d'inégal intérêt, auxquels il faut ajouter divers catalogues d'expositions thématiques, ont entrepris le recensement et l'étude de cet immense matériel. Les ventes aux enchères contrôlées par des experts, accompagnées de catalogues illustrés, ont fini par établir des cotes à peu près stables pour les objets importants, dans un marché souvent spéculatif. Les marques exploitent cet intérêt en éditant à des fins publicitaires*, parfois en séries limitées, des flacons miniatures qui prennent place dans un négoce marginal mais actif. Aux grands musées d'archéologie, d'histoire et d'arts décoratifs se sont ajoutés des établissements spécialisés : musée international de la Parfumerie, à Grasse*, musée du château de Chamerolles, dans le Loiret, Museu del Perfum, à Barcelone. Les grandes collections privées européennes, telles Givaudan en France*, ou Drom et Schwarzkopf en Allemagne, ne se visitent pas, exposent rarement, mais elles ont publié des monographies illustrées. Depuis 1990, l'Osmothèque, à Versailles, a recueilli et parfois reconstitué un millier de parfums dont certains, disparus, avaient connu à leur époque un succès international. GV

Cologne (Eau de)

En 1693, un Italien*, Giovanni Paolo Feminis, établit à Cologne une maison de transit de marchandises où il vend avec succès une *Eau de la Reine (de Hongrie)* et une *Eau Admirable.* Elles sont ensuite exploitées par ses neveux dont l'un, Gian Maria Farina, développe la vente de l'*Eau Admirable.* Devenu en 1732 seul propriétaire de la Maison Farina, il se consacre uniquement à la fabrication* de cette *Aqua Mirabilis,* à laquelle des clients de langue française donnent le nom plus simple, destiné à un grand avenir, d'*Eau de Cologne.*

Les troupes passant et repassant à Cologne entre 1756 et 1762 se chargent de faire la publicité de cette eau élevée au rang de panacée à usage interne et externe, mais couramment utilisée comme parfum léger. À Cologne, se développe une concurrence acharnée, utilisant des associations de complaisance avec n'importe quel Farina, pourvu qu'il se prénomme Gian Maria.

Parmi des dizaines de fabricants rhénans, seules deux maisons anciennes ont survécu. L'une a été fondée à Paris, en 1808, par un authentique Jean-Marie Farina qui abandonna opportunément le qualificatif « pharmaceutique » pour celui de « produit de parfumerie ». En 1848, il vend son entreprise, considérablement élargie, à J. Colas, qui l'amplifie encore et la cède en 1862 à MM. Roger & Gallet. L'autre, qui trouva son ori-

Pages précédentes : *Beauté divine*, galerie de Régine de Robien, rue saint-Sulpice.

Rosoli, premiers flacons de l'*Eau de Cologne Originale 4711* de la maison Muelhens, v. 1900.

gine dans la famille Farina, fut ouverte en 1792 par Wilhelm Muelhens au n° 4711 d'une rue de Cologne et célèbre pour son *Eau de Cologne Originale 4711*. Elle est toujours exploitée par la firme Muehlens. GV

Filtrage de la concrète de rose pour obtenir l'essence absolue.

Concentration

Tout flacon renferme à la fois du concentré de parfum (produit brut sorti des cuves de préparation, composé des divers éléments de la formule) et un support liquide (de l'alcool ou parfois de l'eau, comme dans les produits « light ») qui lui permet de se diffuser et de s'évaporer. Petites brises saisonnières de l'été, les eaux légères sur excipients aqueux sont, comme leur nom l'indique, les moins chargées en concentré : environ 4 %. Dosées à 7 % et jugées trop fugaces, les eaux de Cologne* tombent en désuétude. La désignation ne concerne pas, comme on le croit souvent, un type de fragrances hespéridées* (voir Famille), mais seulement leur taux de dilution. Les eaux de toilette, qui constituent encore l'essentiel des ventes, contiennent une moyenne de 12 % de concentré de parfum. Les eaux de parfum se situent à mi-chemin des eaux de toilette et des extraits : par leur dosage à 18 %, elles répondent à une demande de senteurs puissantes et persistantes.

Les extraits, avec une proportion de 20 % de concentré (voire de 40 %, comme le célèbre *Joy** de Jean Patou), se font rares en raison de leur prix* élevé et de la fragilité des matières premières naturelles* qui s'oxydent vite. Le degré de concentration exact est calculé en fonction de la puissance originelle du jus, qui elle-même dépend des matières premières dont il est composé. MT

À droite, en haut : flacons *Paloma Picasso, Private Collection, Valentino* et à l'arrière plan *Salvador Dalì*.

En bas : flacon dessiné par Serge Mansau pour *Valentino pour Homme*.

Salle de distillation du parfumeur Molinard, à Grasse.

CONDITIONNEMENT
Des flacons pour séduire

Chaque étape de la chaîne de conditionnement des parfums est aujourd'hui strictement définie et minutée : la marchandise doit être parfaitement et uniformément conditionnée et rapidement expédiée. Le parfum est mis en bouteille dans un flacon* préalablement stérilisé et parfois gravé : suivant le cas, le flacon est bouché ou mis sous vide s'il s'agit d'un vaporisateur. Si l'étiquette est collée, l'étiquetage se fait après l'embouteillage. Le conditionnement s'achève par la mise en cartons et le stockage, dans des entrepôts à température fraîche, sèche et constante.

Avec l'évolution de la parfumerie vers un produit industriel* et mondial, l'impact de l'image, et donc de l'emballage, est devenu primordial. Une femme ou un homme achètera d'abord une image, beaucoup plus qu'une odeur* (voir Masculin/féminin). Les designers qui imaginent les flacons* deviennent des créateurs au moins aussi importants que les parfumeurs. Nous sommes loin, cependant, des réalisations de Lalique qui disposait de tout le savoir-faire artisanal des grands cristalliers. Aujourd'hui le flacon doit être beau, certes, mais aussi pouvoir être produit en grande série, à des coûts unitaires bas. Plus de cristal donc, mais un verre créatif pour les flacons, et un plastique séduisant pour les bouchons ou capuchons.

Les grands maîtres contemporains de cet art sont peu nombreux. Joël Desgrippes, dont l'agence de design est la première sur le marché, s'enorgueillit de flacons comme *Jaipur*, ou du nouveau visuel des produits Lalique, lors du lancement de leur premier parfum. Pierre Dinand a signé pour Yves Saint Laurent, Armani, Givenchy et Valentino. *Opium** est son plus grand succès, avec les créations récentes *Obsession* et *Eternity* pour Calvin Klein. Sculpteur, Serge Mansau est un créateur né : il a signé quelques-uns des grands succès de Kenzo, mais a également imaginé les flacons de collection* de la cristallerie Saint-Louis. Thierry Lecoule est un artiste verrier qui signe des projets dans le monde entier. Les contrats sont considérables : derrières ces hommes de talent, ce sont de véritables petites multinationales du design qui se sont mises en place. NDB

« Cave à parfums » du XVIIIe siècle. Paris, Muséum national d'histoire naturelle.

■ CONSERVATION
Préserver les senteurs fragiles

Contrairement au vin, le parfum ne se bonifie pas en vieillissant. Pire, il s'altère, s'étiole, se dénature. Quelques égards, pourtant, le préservent un peu. La lumière, la chaleur et l'humidité, facteurs d'oxydation et d'agression pour les fragiles molécules dont il est composé, sont ses plus redoutables ennemis.

Pour protéger le parfum, il faut le conserver dans sa boîte, à l'abri des rayons ultraviolets (ne jamais l'exposer sur la tablette de la salle de bain), le renverser tête en bas (une fois bien refermé !) pour que l'air n'y pénètre pas et qu'il ne s'évapore pas. On peut aussi préférer les vaporisateurs, qui interdisent le contact des doigts porteurs de bactéries avec le liquide ; le ranger dans le bac à légumes du réfrigérateur où, bien au frais, les composants s'endormiront dans une léthargie salvatrice.

En raison de la grande délicatesse du parfum, il est également préférable d'acheter des flacons de petite contenance, plus vite épuisés, plus vite remplacés. De même, ne pas hésiter à en user souvent pour ne pas lui laisser le temps de s'abîmer ou de s'évaporer. Éventuellement, choisir* des concentrations* légères, type eaux de toilette, plutôt que les extraits, beaucoup plus chargés en principes odorants et donc plus fragiles. MT

Consommation

Les préférences en matière de parfum, produit éminemment culturel, vont aux créations* nationales lorsqu'elles existent.
Ainsi les Françaises aiment les parfums ambrés (29 % des ventes en 1997) et les floraux légers (26 %), avec en tête *Chanel* n° 5*, *Shalimar* de Guerlain, *L'Air* du Temps* de Nina Ricci, *Trésor* de Lancôme, *Dolce Vita* de Dior (que du « made in France* »).
En Allemagne, on préfère aussi les parfums ambrés (voir Familles) et les floraux légers (27 % et 20 % des ventes), mais on opte pour *CK* One* de Calvin Klein, *Allure* de Chanel, *All About Eve* de Joop (premier produit national), *Trésor* et *Chanel n° 5*. En Angleterre, on apprécie les floraux, légers ou plus opulents (27 % et 19 % des ventes). Faute d'une industrie locale forte, on achète surtout des parfums français ou américains : *CK One*, *Chanel n° 5*, *Anaïs Anaïs* de Cacharel, *Allure* de Chanel, *Pleasures* d'Estée Lauder (voir Youth Dew).
En Espagne, la prédilection va aux chyprés frais ou eaux de Cologne* (30 %) et aux floraux légers (20 %), avec *Eau de Rochas*, *Aire* de Loewe (maison madrilène), *CK One*, *L'Eau de Lancaster* et *Anaïs Anaïs*. En Italie*, on préfère les floraux légers et les ambrés légers (22 % et 15 %) importés : *CK One*, *Chanel n° 5*, *Allure*, *Opium** d'Yves Saint Laurent.
Aux États-Unis* enfin, comme en Angleterre, on choisit des floraux légers (29 %) et des floraux généreux (15 %) : *CK One*, *Pleasures* et *Beautiful* d'Estée Lauder, *Sunflowers* d'Elisabeth Arden, et *Chanel n° 5*, seul parfum européen présent en tête des ventes. MT

Rayon « parfumerie » des Galeries Lafayette.

Contrefaçon

Grande source de bénéfices, le parfum attise des convoitises pas toujours honnêtes. Rien n'est plus simple que de reconstituer (voler) une senteur à succès, que l'on vendra sans avoir investi un sou dans la recherche (voir Création) ou la publicité*. Un appareillage adéquat permet de décrypter la formule chimique d'un parfum : on n'a plus qu'à reprendre les ingrédients ainsi identifiés (ou d'autres moins chers), embouteiller dans un flacon rappelant celui d'origine, et vendre le tout sous un nom approximatif dans des lieux improbables (sorties de métro, marchés aux puces, bazars exotiques, comités d'entreprise). Le manque à gagner annuel pour l'industrie* de la parfumerie serait de 650 millions de dollars ! Très organisée et liée aux grandes mafias internationales, la production frauduleuse provient essentiellement de Taïwan, d'Indonésie, de Thaïlande, du Mexique et de Colombie. Pour échapper aux lois sur la contrefaçon, les faussaires ont affiné leur pratique. Jus équivalents mais sous des noms et dans des flacons différents sont proposés en même temps qu'une liste les mettant en parallèle avec leurs modèles : *Curare* pour *Poison* (Dior), *Habitude* pour *Habit Rouge* (Guerlain), *Capitale* pour *Paris* (Yves Saint Laurent), *Dakar* pour *Drakkar* (Guy Laroche)... MT

Habit de parfumeur. Gravure de Bonnart, XVIIe siècle. Paris, musée Carnavalet.

Paul Poiret et son parfumeur Emmanuel Boulet, dans l'usine *Les Parfums de Rosine*, à Courbevoie.

Corps de métiers

Apparus au Moyen* Âge, les « métiers » regroupaient les artisans exerçant la même profession, sous la forme de communautés nanties de privilèges, de monopoles, de statuts et soumises à un contrôle. Elles comportaient les degrés d'apprenti, de compagnon et de maître, suivant une progression qui durait plusieurs années. Le terme évoque de solides traditions, un travail de qualité, des matériaux de bon aloi. Il faut ajouter : d'inutiles contraintes, des structures archaïques, un esprit de caste et un certain immobilisme. Leurs démêlés concurrentiels amenèrent très souvent le pouvoir royal à en réglementer le nombre et le fonctionnement.

« [C'est sur le Pont-au-Change] *qu'était située la maison, à la fois magasin et domicile, du parfumeur et gantier Giuseppe Baldini* [...]. *Son assortiment allait des essences absolues, huiles florales, teintures, extraits* [...] *jusqu'aux eaux de bain, aux lotions, aux sels volatils* [...], *et enfin à un nombre infini de parfums proprement dits.* »

Patrick Süskind, *Le Parfum*, 1985.

La petite communauté des parfumeurs, de même que celle très importante des savonniers, aurait reçu ses premiers statuts en 1190. Elle se querella bientôt avec les épiciers et les apothicaires. Au XVIe siècle, la communauté des gantiers s'opposa vivement à celle, très puissante, des marchands-merciers. Après un siècle de procès, elle obtint en 1614 le droit de s'unir aux parfumeurs, formant ainsi la profession des gantiers-parfumeurs, établie d'abord à Paris puis dans de nombreuses autres villes, comme Grasse* (1731) qui curieusement fut une des plus tardives.
Des économistes de l'Ancien Régime préconisèrent la suppression des corps de métiers, tel Turgot qui l'obtint en 1776 mais pour peu de temps. En 1791, l'Assemblée nationale établit enfin la liberté du travail, ouvrant la voie à l'industrie* et à la recherche. GV

COUTURIERS PARFUMEURS
La mode en bouteille

Jusqu'à la Première Guerre mondiale, le parfum n'était l'affaire que des parfumeurs (voir Corps de métier). En 1911, Paul Poiret est le premier couturier qui décide de mettre sa mode en bouteille. Succès mitigé en raison, semble-t-il, d'une composition approximative… C'est Gabrielle Chanel qui, en 1921 avec le révolutionnaire *Chanel* n° 5*, fait réellement entrer la haute couture en parfumerie (voir Années folles).

Source d'énormes revenus, agent publicitaire de premier ordre, supplément d'âme pour cette industrie accusée de futilité, le parfum déferle alors dans les falbalas pour des raisons, il faut bien le dire, mercantiles. Molineux, Worth, Lelong, Jeanne Lanvin (avec le célèbre *Arpège**), Jean Patou (avec le splendide *Joy**), tous s'y mettent et beaucoup y réussissent.

Après la Seconde Guerre mondiale, de nouveaux noms apparaissent, qui aujourd'hui encore tirent l'essentiel de leurs ressources des parfums qui circulent sous leurs marques : Christian Dior, Nina Ricci, Guy Laroche, Hubert de Givenchy et, un peu plus tard, Yves Saint Laurent. Les « jeunes créateurs », qui s'imposent dans les années 1970, ne sont pas en reste. De Claude Montana à Thierry Mugler en passant par Jean-Paul Gaultier, pour les Français, Calvin Klein (voir CK One), Issey Miyake ou Giorgio Armani, pour les étrangers, il n'est pas aujourd'hui un styliste établi qui ne se lance dans le parfum.

De fait, le parfum est désormais totalement pris dans la spirale de la mode et de sa fugacité. Si les fragrances les plus vendues dans le monde (*Chanel n° 5*, *L'Air** *du Temps*, *Opium**, etc.) sont souvent des jus anciens, les autres sont de plus en plus éphémères, avec une espérance de vie qui dépasse rarement trois ans… Parfums saisonniers, parfums prêts à porter, parfums prêts à jeter qui, comme la mode, ne font que passer. Que ceux que cela navre se consolent : après avoir presque disparu, submergés par la masse, des parfumeurs indépendants* réapparaissent (voir Boutiques), qui semblent réinventer une parfumerie libérée des contingences. Pour l'amour de l'art. MT

Création

Chaque parfumeur, chaque « nez* », a sa manière personnelle de créer, et se garde d'en divulguer les secrets*. Mais, dans les grandes lignes, l'élaboration d'un parfum suit les étapes suivantes.

Qu'il s'agisse d'une création libre ou d'une commande bien définie, le parfumeur définit d'abord un climat poétique et imaginaire : cela peut être un coucher de soleil sur la mer, les palais de Jaipur, une scène d'amour, etc. Il intériorise cette ambiance, selon son code de représentations personnel, puis il traduit ses impressions soit en référence à des essences naturelles* (jasmin* sur un fond de santal*, par exemple) soit par des odeurs* complexes, qu'il décryptera ensuite pour en trouver les composants chimiques (voir Synthétiques).

À partir des essences naturelles ou « notes principales », il tente alors de composer des « harmonies » entre plusieurs notes. Il structure son projet avec les « notes de têtes », qui sont des essences volatiles*, fraîches et immédiatement agréables, les « notes de cœur », des essences plus fortes qui caractériseront le parfum, et les « notes de fond » qui, comme les percussions en musique, donneront un arrière-plan solide et durable. Au cours de cette étape, le parfumeur multiplie les expériences de formules, modifiant sans cesse les proportions, augmentant le nombre des essences entrant dans l'harmonie générale... Parfois, il n'aboutira pas et devra recommencer à zéro.

Quand le parfumeur estime avoir approché au plus près le but qu'il s'était fixé, il arrête la formule du parfum, qui se mesure en grammes. Le secret en sera jalousement gardé par le propriétaire du parfum, qu'il s'agisse de son créateur ou d'une firme.

Comme les peintres, les parfumeurs ont leur style. Certains ne créeront que de belles roses*, d'autres seront plus éclectiques, d'autres encore composeront sans cesse des variantes d'une même senteur. NDB

Jean Carles, parfumeur chez Roure, devant son orgue à parfums.

Eau de fleurs d'oranger.

Cuisine parfumée

La tradition de parfumer les aliments est très ancienne. Les Égyptiens* utilisaient les essences pour parfumer leurs temples, leurs maisons (voir Intérieur), leurs corps et leur nourriture. La rose*, identifiée en Occident à une essence de parfumerie, est utilisée en Orient pour aromatiser de nombreux plats. Sachant que le nez gouverne notre palais, la frontière entre goût et odorat est en fait bien ténue (voir Olfaction).

La cuisine orientale utilise systématiquement les matières premières aromatiques : épices*, essences et eaux florales. Les eaux de rose et de fleurs d'oranger sont les plus connues, elles sont le sous-produit de la distillation des fleurs, après séparation de l'essence pure (voir Extraction). Elles sont employées aussi bien dans les mets sucrés que les mets salés et les boissons. Longtemps, le vin fut parfumé, tant en Orient qu'en Occident : c'est encore le cas des vins d'apéritif (comme le Martini), du vin chaud à la cannelle, ou du *retsina* grec, à la résine de pin. La tradition du café à la cardamome ou du chocolat à la vanille et à la cannelle s'est maintenue. Celle des thés parfumés s'est développée (en Occident) bien au-delà des classiques bergamote, fleurs de cannelier, jasmin*, orchidée ou rose.

Les mélanges d'épices, comme le curry indien* ou thaïlandais, le cinq-parfums chinois* ou le raz-el-hanout maghrébin, constituent des compositions aussi savantes que celles élaborées en parfumerie (traditionnellement, le parfumeur arabe est aussi « épicier »).

De nos jours, les mêmes laboratoires fabriquent les essences synthétiques* destinées à la parfumerie et celles destinées à l'industrie alimentaire : les arômes de vanille et de fruits, utilisés pour les glaces, jus reconstitués, yoghourts, pâtisseries et boissons gazeuses, occupent le premier rang.

De façon plus sophistiquée et plus naturelle, la haute gastronomie se plaît aussi à utiliser des arômes jadis réservés à la cuisine orientale ou à la parfumerie : le gingembre, les écorces d'agrumes, le jasmin, la bergamote, la lavande* font leur entrée dans les menus de nos restaurants étoilés. NDB

Soir de Paris de Bourjois.

Démocratisation

Bon marché n'est plus synonyme de médiocre. S'il est vrai que, dans cette alchimie étrange qui s'opère entre une senteur et les élans du cœur, pas un parfum ne nous séduira si ses composants sont mal traités, il est tout aussi vrai que les dits composants peuvent être naturels*, d'excellente qualité et cependant abordables : l'essence d'orange ne vaut que 6 francs le kilo, l'eucalyptus 36, la girofle 43. La distribution de masse, dans les supermarchés, permet de réduire encore les marges. Les produits de la marque Bourjois, par exemple, sans être comparables aux parfums Chanel qui appartiennent à la même société, sont créés* par un parfumeur (voir Nez) formé à l'exigence de cette très grande maison.

De fait, ce qui coûte le plus cher lors de l'élaboration d'un parfum, c'est ce qui l'entoure, ce que l'on appelle le « mix » : concept, flaconnage (voir Conditionnement), étui et publicité*. Le budget consacré au lancement de *Samsara* de Guerlain a ainsi atteint 500 millions de francs. Aujourd'hui, le prix* de revient d'un jus ne

Affiche de René Gruau pour *Eau Sauvage* de Christian Dior.

représente en moyenne que 10 % du coût total de la fabrication*. On peut donc, en rognant sur le flacon* pour ne garder que l'ivresse, réaliser de très jolis parfums et néanmoins peu chers. Mais attention : à trop vouloir démocratiser le rêve, on le tue. Feu le baron Bic, inventeur du « jetable » (stylo-bille, briquet, rasoir) l'apprit à ses dépens lorsqu'il tenta de lancer une gamme distribuée dans les… bureaux de tabac. Flop absolu. MT

Eau Sauvage

Eau Sauvage de Christian Dior a fait entrer la parfumerie masculine* dans l'ère industrielle. Créé* en 1966 par le parfumeur Edmond Roudnitska (voir Nez), il est le parfum masculin le plus vendu dans le monde durant ce dernier quart de siècle. Au génial créateur de *Diorissimo* et de *Miss Dior*, Dior avait demandé : « Faites-moi une senteur. Ni un parfum ni une eau de Cologne*. » Parallèlement, le couturier* avait commandé au dessinateur René Gruau une illustration audacieuse : ce sera un homme au sortir du bain, nu ou presque – une première en publicité* – sous le regard supposé d'une femme. Qui, sinon la femme, pourrait en effet convaincre l'homme de se parfumer enfin avec autre chose qu'une eau de Cologne lavandée ? Le succès fut immédiat.

Certes, *Eau Sauvage* ne dédaigne pas les notes fraîches des eaux de Cologne classiques (citron, lavande*, romarin, basilic…), mais elle ose une touche de jasmin* (en fait de l'hédione, utilisé pour la première fois en dominante) et un fond de mousse de chêne plus nettement sensuel. Edmond

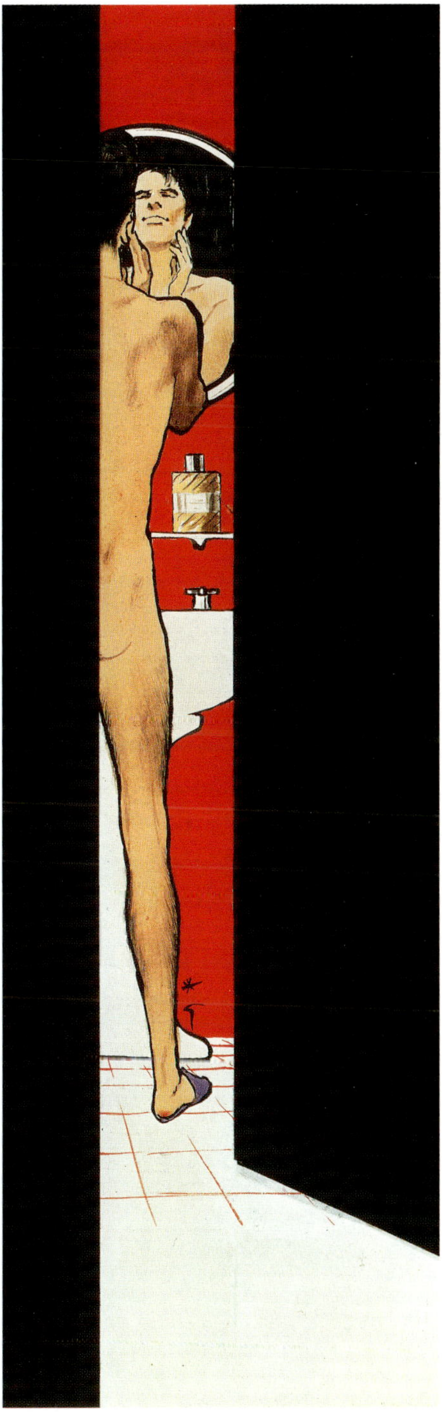

Femmes se parfumant, tombe de Nakh, XVIIIe dynastie. Égypte, vallée des Nobles.

Roudnitska confia : « C'était l'antithèse du *Chypre** de Coty. De composition très stricte, simplifiée, aérée, dépouillée, c'est un parfum qui, par sa fraîcheur fleurie, discrète mais persistante, symbolise la jeunesse par excellence. » Toujours en tête des ventes, ce parfum que n'ont pas supplanté les autres créations masculines de Dior (*Eau Sauvage Extrême* ou *Fahrenheit*) était en quelque sorte la préfiguration des parfums unisexes ou « androgynes* », à la mode aujourd'hui : il est le parfum masculin le plus acheté par les femmes. NDB

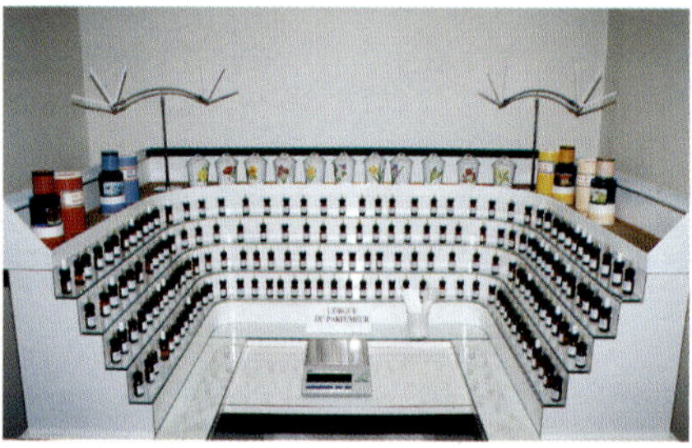

Orgue de l'apprenti parfumeur à l'école Cinquième Sens, Paris.

Écoles

Il n'existe pas à proprement parler d'écoles de parfumerie et encore moins de faculté. La raison en est que le milieu a le culte du secret*, qui aujourd'hui est cependant facile à percer grâce à la chromatographie. Certains grands laboratoires possèdaient leur propre école. La principale, celle de Roure, devenue celle de Givaudan-Roure, était basée à Grasse*. Créée par Jean Carles en 1947 et dirigée par Françoise Marin, elle accueillait un contingent limité d'une vingtaine d'étudiants. Cette école a formé les plus grands parfumeurs de ce temps (voir Nez).
L'Institut supérieur international du Parfum (ISIPCA), à Versailles, forme en trois ans des spécialistes tous terrains : initiés à toutes les facettes du métier, ils sont surtout préparés à ce qui constitue le premier débouché dans l'industrie* de la parfumerie, le marketing et la communication. Citons également des écoles plus ouvertes au grand public : Cinquième Sens et Émanescence. Il reste que le futur parfumeur doit surtout avoir la chance de faire son « apprentissage » auprès de grands artistes, comme cela se faisait jadis (voir Corps de métier). Cependant, certains grands noms de la parfumerie sont des autodidactes : c'est le cas d'Annick Goutal ou de Lorenzo Villoresi. NDB

ÉGYPTE ANCIENNE
Une offrande digne des dieux

Aucun des grands empires agraires de l'Orient n'a été aussi imprégné de religiosité que l'Égypte ancienne. Tout au long de son existence, l'Égyptien associait quotidiennement les choses de la vie à la présence du divin et aux gestes conjuratoires. La célébration des cultes, les offrandes aux innombrables divinités, le rituel* des inhumations comme les plus doux plaisirs étaient accompagnés de l'utilisation de végétaux odoriférants, venus d'abord de l'Égypte même : fleurs (surtout celles de lotus bleu) et résines de térébinthe ou de lentisque (deux espèces de pistachiers). Au fur et à mesure que s'étendait l'empire des pharaons, on découvrait des senteurs nouvelles. Dès le début du IIe millénaire av. J.-C., la première expédition au « pays de Pount » (zone côtière du Soudan et de l'Érythrée actuels) procura, entre autres, l'encens*, la myrrhe* et les arbustes d'où on

les tirait. Les conquêtes orientales fournirent le styrax, le bois de cèdre, le galbanum (voir Vent Vert) et du bitume. De l'Extrême-Orient parvenaient le benjoin, la cardamome, la cannelle et le poivre. La maîtrise de ces matières exotiques permit l'élaboration de parfums complexes, tel le fameux *kyphi* qui comportait seize ingrédients. Les substances odorantes, broyées, hachées, pressées et chauffées (voir Extraction), étaient mêlées à des huiles, des graisses, du miel ou du vin.

Des temples comme celui d'Edfou montrent encore, gravés en hiéroglyphes sur les parois de certains locaux, de longues listes de recettes de parfums dont l'interprétation est souvent difficile. Certains servaient aux rituels « d'éveil de la statue » le matin, ou aux rites d'onction des autels. La complexité des compositions et du traitement de leurs ingrédients aboutirent à l'installation de véritables laboratoires (voir Alambic). GV

ENCENS

L'arbre à encens, *Boswellia sacra*, dont la résine fut longtemps plus précieuse que l'or, est originaire du Dhofar, dans l'actuel sultanat d'Oman. On le trouve aujourd'hui en Afrique de l'Est et en Inde*. Seul l'arbre mâle, haut de 3 m à maturité, donne la résine odorante ; il ne la produit en quantité et qualité qu'à partir de l'âge de dix ans.

Pline notait déjà que la résine exsudée durant l'été et recueillie à l'automne donne l'encens blanc, le plus pur. Une seconde collecte est pratiquée au printemps, sur les incisions faites en hiver, mais « cet encens est roux et ne vaut pas le précédent ». La récolte* se déroule en deux temps : l'écorce est incisée, et les sécrétions de résine recueillies trois semaines plus tard. L'arbre est ainsi balafré trois ou quatre fois à chaque saison de production, laquelle ne dure que quatre mois par an. Cette matière première donne un résinoïde et une essence absolue (voir Extraction), puis, par distillation (voir Alambic), une huile essentielle. On estime à 3 000 tonnes la production annuelle à l'époque antique*.

Encens, Djibouti.

Les caravanes parcouraient alors plus de 2 000 km ou effectuaient la périlleuse traversée de la mer Rouge pour atteindre la Palestine et l'Égypte*. Selon Pline, l'encens est le produit le plus cher de l'époque en raison des tribus payés aux royaumes de la route* de l'encens ; ceux-ci sont d'une richesse inouïe, à l'instar de Saba et de sa reine célèbre. Au IIe siècle av. J.-C., Agatharchide de Cnide parle en ces termes des cheiks du désert, enrichis par l'encens : « Beaucoup possèdent une fortune royale ; on dit qu'ils se sont construit beaucoup de colonnes en or et en argent et que les plafonds et les portes sont ornés de coupes rehaussées de pierreries. » D'autres témoins prétendent qu'en remontant la côte d'Arabie on est enveloppé en permanence par l'odeur* de l'encens !

L'encens a toujours été utilisé pour charmer les narines divines : le dieu assyrien Baal en était friand ; Salomon, « initié » par la reine de Saba, en parfume l'intérieur* de son palais ; Néron consume sur le bûcher de Poppée l'encens récolté en une année en Arabie ; les Rois Mages l'offrent au Fils de Dieu ; Hérode en ordonne des fumigations continuelles en Égypte ; selon Hérodote, un feu d'encens fumait en permanence en haut de la Tour de Babel. L'encens est utilisé aujourd'hui encore dans les rites* catholiques et bouddhiques, mais, le plus souvent, il n'entre que pour une faible part dans la composition de produits de médiocre qualité. Enfin, il fait l'objet d'un jeu* traditionnel au Japon. NDB

Arbre à encens.

Femme se parfumant, v. 1860. Gravure. Paris, bibliothèque des Arts décoratifs.

Épices

Le père du prophète Mahomet était parfumeur-épicier. En Orient, aujourd'hui encore, c'est souvent la même échoppe qui vous fournira l'essence pour vous parfumer, l'épice pour l'alimentation et le remède pour vous guérir (voir Aromathérapie). Les épices et les herbes répondent traditionnellement à cette triple fonction.
Certaines épices ont été jadis utilisées également à des fins mystiques (voir Rites) : on en brûlait des mélanges, savamment dosés, dans les temples et les églises, on les utilisait même pour parfumer les enduits de construction des mosquées (notamment la cannelle).
Les recherches de voies plus rapides et plus directes pour fournir l'Occident en épices aboutirent aux expéditions fameuses de Marco Polo puis de Christophe Colomb et de ses contemporains. La route* des épices n'était pas moins importante que celle de la soie et empruntait à peu près les mêmes voies.
Les difficultés d'approvisionnement et de transport faisaient des épices des produits de luxe. Aujourd'hui banalisées – à l'exception du safran qui coûte plus cher au poids que l'or –, les épices sont utilisées dans l'alimentation quotidienne (voir Cuisine parfumée).
En parfumerie, elles ont souvent été remplacées par des substances synthétiques*. Celles qui demeurent dans les compositions de parfums dits « épicés » (*Opium**, *Byzance*, *Égoïste*, etc.) sont la cannelle, le poivre, la cardamome, le clou de girofle, le cumin, la graine de coriandre, la noix de muscade, le safran, le genièvre et la vanille. NDB

Érotisme

Sensuel le parfum ? Aphrodisiaque ? Absolument pas, sauf pour l'idée que l'on s'en fait. C'est Patrick Mac Leod, directeur du laboratoire de neurobiologie sensorielle à l'École pratique des hautes études, qui l'affirme. D'après lui (et le résultat de ses recherches), rien dans l'odorat humain n'est

organiquement lié au stimulus sexuel (voir Olfaction).
100 % acquis, 100 % culturel, le parfum ne parle à nos sens émus que s'il est rattaché à un souvenir (voir Mémoire). À la naissance, toutes les odeurs* se valent, toutes sont également plaisantes pour le cerveau en apprentissage. Si votre maman vous faisait des bisous à la rose*, vous aimerez la rose (à condition d'aimer votre maman). Si elle sentait le céleri, vous aimerez le céleri. Avoir un jour vécu un intermède érotique puissant avec une personne ayant une odeur *z* entraînera probablement un réflexe d'attirance pour ce type d'odeur. C'est ainsi, soyons clair, que les effluves de sueur ou de sécrétions spécifiques produites par le corps lors de l'exercice amoureux rappellent et *ipso facto* éveillent le désir. Et c'est pourquoi les matières premières animales* qui s'en rapprochent nous plaisent tant.
Reste toutefois la piste des fameuses phéromones, signaux odorants émis par l'animal aux fins de séduction et de reproduction, dont on soupçonne l'existence chez l'homme et la femme… MT

ÉTATS-UNIS : DES FRAGRANCES PUISSANTES

Jusqu'à la fin de la Seconde Guerre mondiale, il n'était autre parfum désirable aux États-Unis que le parfum français. Héritage d'une tradition vieille de plusieurs siècles, savoir-faire incontestable, prestige de Paris… Chanel, Guerlain, Coty, Lanvin ou Patou y détenaient 85 % du marché. Suprématie par défaut plutôt que par choix, car les Américaines ont toujours préféré les fragrances puissantes, tenaces, qui attirent l'attention. Il faut attendre le coup de tonnerre de *Youth* Dew*, en 1953, pour que tout bascule. Né de l'inspiration de la déjà célèbre Estée Lauder, ce parfum ne ressemble en rien à ceux produits en France* : bouchon non scellé que la cliente peut ouvrir pour essayer la fragrance, support huileux qui de la table de toilette le fait passer au rebord de la baignoire, senteur plus que capiteuse ! Vingt ans plus tard arrive *Charlie* de Revlon. Premier parfum « *socio-style* », il s'adresse aux nouvelles consommatrices*, actives, prescriptrices de leurs achats. Moins cher que les produits européens et massivement distribué, *Charlie* devient alors le parfum le plus vendu dans le monde ! En 1977, Yves Saint Laurent s'attaque au territoire perdu avec *Opium**, un « oriental » fleuri et épicé* (voir Famille), conçu pour les Américaines mais qui fait un malheur des deux côtés de l'océan Atlantique, et officialise la domination des goûts venus des États-Unis. De *Giorgio Bervely Hills* (Fred Heymann) à *CK* One* (Calvin Klein) en passant par *New West* (Aramis), la parfumerie américaine n'a cessé depuis de démontrer sa force commerciale et, diront certains, sa propension à l'impérialisme. MT

Rita Hayworth dans *Gilda*, film de Charles Vidor, 1946.

Extraction

On extrait les huiles essentielles de plusieurs manières. La plus fréquente est la distillation directe, version améliorée de celle pratiquée dans l'Égypte* ancienne. La matière première récoltée* (herbe, fleur, bois ou épice*) est déposée dans un alambic* avec de l'eau que l'on porte à ébullition : la vapeur d'eau transporte l'essence dans un condensateur puis un séparateur. La distillation à la vapeur, plus efficace, consiste à diffuser la vapeur à travers la matière première. Plus moderne, la distillation sous vide agit par réduction de la pression d'air dans un distillateur hermétique : ce procédé à basse température respecte mieux des matières fragiles comme les fleurs. La méthode dite d'expression est réservée aux agrumes ou « hespéridés* ».

Distillation à la vapeur des pétales de jasmin.

Une simple pression permet d'extraire l'essence contenue dans l'écorce des fruits. Cette opération, jadis accomplie à la main, l'est aujourd'hui par des centrifugeuses. La meilleure extraction se fait à froid. Traditionnellement, les matières les plus sensibles étaient extraites par « enfleurage ». L'enfleurage à chaud consiste à plonger dans des bains de graisse animale ou d'huiles végétales des pétales de fleurs, de roses* par exemple, à les laisser macérer, puis à les jeter : en répétant l'opération plusieurs fois, la graisse accumule l'arôme des fleurs. L'enfleurage à froid, utilisé principalement pour le jasmin* ou la tubéreuse*, se fait par simple dépose des fleurs sur des « tiroirs » remplis de graisse froide, en répétant l'opération chaque jour pendant un mois. Les graisses sont ensuite lavées avec de l'alcool ; une fois l'alcool évaporé, on obtient la « concrète » puis l'essence « absolue ».

Aujourd'hui, ces procédés longs et coûteux sont remplacés par des extractions par solvants volatils, comme l'éther de pétrole, l'hexane ou le benzène. Enfin, certains produits sont obtenus par simple macération dans l'alcool : c'est le cas des essences animales*, ambre, civette ou castoréum. NDB

Usine Guerlain, à Courbevoie.

FABRICATION : COMMENT CONCRÉTISER UNE IDÉE

Quelles sont les étapes de la fabrication du parfum que vous venez d'acheter dans votre parfumerie ? La conception du « produit » commence en fait bien avant celle du parfum proprement dit. La première étape consiste, pour la marque, à définir un produit théorique ou « marketing ». À cette phase, on détermine le concept et le nom du parfum, le public visé et le style de la campagne publicitaire*, et enfin l'image du produit, c'est-à-dire le design du flacon*, du bouchon et de l'emballage, dont la conception est confiée à une agence spécialisée. Commence ensuite la création* du parfum : plusieurs parfumeurs (voir Nez) et laboratoires sont mis en compétition et présentent des projets (c'est ainsi que le projet « n° 5 », présenté à Coco Chanel*, est devenu un nom de parfum célèbre). Ayant fait son choix, la marque achète la matière première, c'est-à-dire le concentré, livré en bidons, et fait fabriquer le parfum ou le fabrique elle-même.

Le concentré est d'abord dilué dans de l'alcool à 95° de haute qualité, de l'eau et un conservant*, suivant le pourcentage désiré. La proportion d'alcool ajouté au produit de base augmente progressivement selon que l'on veut obtenir un extrait, un parfum, une eau de parfum ou une eau de toilette (voir Concentration). Par ailleurs, chaque marque est libre de définir ses pourcentages et ne les divulgue pas. Vient ensuite le traitement de stabilisation. Jadis, il nécessitait une macération de plusieurs mois. Aujourd'hui, des moyens mécaniques et thermiques permettent d'accélérer le processus. Les produits synthétiques*, au demeurant, ne nécessitent pas le même traitement que les produits naturels*, plus complexes et plus fragiles. Puis le produit est malaxé, réfrigéré – pour permettre le dépôt des impuretés éventuelles, comme les cires résiduelles – et filtré. À ce stade le parfum est prêt pour le conditionnement*. NDB

FAMILLES DE PARFUM

Sept palettes et vingt-six tonalités, des combinaisons infinies

Tout comme les matières premières, naturelles* ou synthétiques*, classées suivant vingt-six archétypes (anisés, balsamiques, etc.), les parfums sont regroupés en sept familles, d'après leur caractère olfactif.

Les « chyprés » sont construits sur l'accord bergamote-jasmin*-mousse de chêne (voir Chypre). Les « fougères » allient des notes lavandées* et boisées, plutôt dédiées aux eaux de toilette masculines*. Les « cuirs », masculins également, sentent le miel, le tabac et l'essence de bouleau ou de bois de cade fumé. Les « hespéridés* » regroupent toutes les notes à base de zestes d'agrumes et la plupart des eaux de Cologne* classiques. Les « orientaux » ou « ambrés » (comme on les désigne actuellement) sont imprégnés de vanille et/ou d'un fond d'essence animale*. Les « boisés » sont dominés par des accords de santal*, de cèdre, de conifères ou de patchouli. Les « floraux », enfin, déclinent une (voir Soliflore) ou plusieurs fleurs en thème central.

Chacune de ces familles peut être diversement colorée. On peut ainsi parler de floraux aldéhydés, lorsqu'ils comportent des aldéhydes de synthèse, inodores mais propres à mettre en valeur les composants qui les entourent ; de floraux verts, par l'apport de produits à odeur* agreste, type galbanum (voir Vent Vert), feuilles de cassis ou jacinthe ; de floraux fruités, aux notes de framboise, pêche, abricot, prune, etc. ; de chyprés cuirés ; de chyprés marins, grâce à la calone, élément de synthèse évoquant l'iode ; de fougères aromatiques, corsées par des herbes comme l'estragon, la menthe, le romarin ; d'ambrés épicés*, boisés ou fleuris. Certaines formules sont dites figuratives lorsqu'on y identifie aisément une note dominante, par exemple alimentaire ou végétale. D'autres, dont les aldéhydées, sont abstraites. Enfin, chaque nouvelle tendance forme à son tour un sous-groupe : les transparents (avec pour composant signifiant l'hédione, en overdose dans *Eau* Sauvage* de Dior), les laiteux (aux lactones de synthèse), ou les gourmands (praliné-chocolat-caramel) comme *Angel** de Thierry Mugler. MT

Page précédente : Orgue à parfums de Jacques Guerlain.

Flacon à parfum en verre rubis et sels d'or, époque Louis-Philippe. Paris, Louvre des Antiquaires, galerie Aurelios-Bis.

Flacon

Point de parfum sans flacon, cela va sans dire. Depuis la plus haute Antiquité*, le flacon fait partie de l'art de séduire du parfum. Aujourd'hui, même industrialisé pour des productions de masse, il reste un élément fondamental du succès d'un parfum. Les récentes créations de Jean-Paul Gaultier – pour les femmes, un flacon évoquant le corps de Madona, pour les hommes, un flacon en forme de buste viril (voir Masculin/féminin) – ou encore l'étoile bleue d'*Angel** de Thierry Mugler en sont la preuve (voir Couturiers). 2 000 ans av. J.-C., en Égypte*, apparaît le verre, suivi aussitôt des flacons à parfum. Le verre soufflé, inventé par les Phéniciens, allège le flacon et lui donne une capacité plus grande. Aux XVe et XVIe siècles, les Vénitiens dominent la production européenne : les verriers de Murano inventent notamment le verre coloré, le verre aventurine rehaussé d'or et le fin cristallin. Puis la concurrence se développe, principalement en Bohême, qui crée le fameux verre rouge rubis. Le cristal est inventé par un Anglais au XVIIe siècle.

Les cristalleries traditionnelles françaises, Saint-Louis, Baccarat, Daum et Lalique sont toutes implantées dans l'Est. Les deux premières ont produit

dès la fin du XVIIIe siècle des flacons soufflés et taillés à l'unité, décorés à la feuille d'or, pour garnir les tables de toilette des élégantes. C'est en 1908 que René Lalique crée son premier flacon pour *L'Effleurt* de François Coty. Il concevra les flacons les plus sensuels et les plus délicats de l'histoire de la parfumerie, comme celui de *L'Air* du Temps* (voir Conditionnement). Ses flacons sont des œuvres d'art, acquises par les collectionneurs* et les musées, au même titre que les vases et les flacons d'Auguste Daum ou d'Émile Gallé. NDB

Ci-dessus et en bas : flacons créés par René Lalique pour Guerlain, Molinard, Houbigant, Nina Ricci, Worth et Roger et Gallet.

FRANCE
Une parfumerie de renommée mondiale

Les arômes puissants en faveur sous le règne de Louis XIV sont rejetés dès la Régence au profit de senteurs plus douces. Un souci accru de la propreté corporelle et le développement de l'hygiène* accompagnent ce retour aux fragrances florales qui doivent s'accorder aux poudres capillaires chyprées et aux effluves de pots-pourris. À la fin du XVIIIe siècle apparaissent les premières firmes parisiennes : L. T. Piver, Houbigant, Lubin. Sous le Directoire, on recherche des parfums violents, rejetés dès l'Empire avec le retour des bouquets floraux (voir Famille).

Au XIXe siècle, l'industrie du verre crée le flaconnage soufflé dans un moule. Le chemin de fer, le partage des tâches entre Grasse* et Paris, les expositions universelles, la publicité*, les grands magasins, de nouvelles matières premières venant des colonies et l'accroissement des exportations concourent à donner à la parfumerie française une renommée mondiale. L'arrivée des premiers produits de synthèse* de qualité suggère à Houbigant, Piver et Guerlain (voir Jicky) des accords inédits. Ils annoncent la venue, peu après 1900, d'une profonde mutation due à un autodidacte de génie, nez* subtil et remarquable homme d'affaires, François Coty. Associant habilement des fragrances naturelles* à des arômes de synthèse, il jette les bases de la parfumerie contemporaine, ouvrant une voie qui facilitera les audaces d'une profession neuve, celle des couturiers* parfumeurs qui renouvelleront sans cesse notre paysage olfactif*.

Aujourd'hui, la parfumerie française est confrontée à une rude concurrence internationale ; souvent, elle dépend financièrement de grands groupes où règnent le marketing et la loi du profit immédiat. Gênée par trop de parfums similaires, il lui faut, sans perdre sa qualité et son originalité, s'adapter à de nouveaux modèles économiques et esthétiques (voir Industrie, Production). GV

GRASSE
Capitale française de la rose et du jasmin

En 1627, le cadastre de Grasse ne cite aucun parfumeur. Quarante ans plus tard, on en recense une trentaine. Pourquoi ? De tout temps, le pouvoir royal s'est efforcé de réduire les dépenses dues à l'importation des produits de luxe, en suscitant des contre-productions nationales. À Montpellier, berceau de la parfumerie française, célèbre pour ses eaux végétales, les hivers sont bien trop rudes pour espérer y acclimater les agrumes italiens (voir Hespéridés). Il fallait un microclimat doux, des eaux abondantes pour la culture, et des capitaux. La Provence orientale seule offrait tout cela avec Grasse, ville populeuse, industrieuse et prospère. En outre, la présence de nombreuses mégisseries permettait de trouver sur place les « peaux blanches » (mouton, chèvre, agneau) qui étaient alors si abondamment utilisées pour la confection de vêtements et de gants parfumés.
C'est à l'esprit inventif et tenace des Grassois que l'on doit la création d'un jasmin* greffé adapté au climat local, la plantation massive d'orangers bigarades, de roses* *centifolia*, de tubéreuses* et même de cassiers. Les Grassois sont à l'origine d'importants progrès techniques. À partir du XIXe siècle, ils constituent un réseau commercial mondial, assurant à la fois la récolte*, le négoce et le traitement des matières premières de parfumerie, laissant aux entreprises parisiennes la fabrication des parfums, dans une association complémentaire fructueuse. La Seconde Guerre mondiale a mis fin à la prééminence internationale de Grasse, mais la composition de parfums exclusifs et, surtout, le développement croissant des arômes alimentaires – qui représentent plus de 60 % de l'activité de certaines usines – ont donné à Grasse un second souffle. GV

Magasin parisien de la maison Lubin en 1860.

L'Opéra de l'odorat, 1949. Livre promotionnel, consacré aux parfums, édité par la maison Lanvin.

Usine Chiris, atelier d'extraction par solvants volatiles, Grasse, 1920.

HESPÉRIDÉS

Il était une fois un jardin, situé sur une île de la mer Égée, où vivaient trois nymphes, les Hespérides, filles d'Atlas et d'Hespéris (le Soir). En ce jardin, veillé par un terrible dragon à deux têtes, croissaient des arbres dont les pommes d'or avaient le pouvoir de rendre immortel quiconque y goûtait. Héraclès tua le dragon et s'empara des fruits pour les offrir à Eurysthée, roi de Mycènes pour le compte duquel il accomplissait ses fameux douze travaux, puis il préféra les offrir à Zeus. Lorsqu'au IIIe siècle av. J.-C. les Grecs découvrirent les premiers agrumes importés d'Asie, ils ne purent leur trouver meilleur nom que celui de ces fruits mythologiques et mirifiques.

Inconnus des anciens Égyptiens*, des Hébreux et des Perses, les hespéridés ne font donc leur entrée en parfumerie qu'après Alexandre le Grand, qui rapporta en Grèce quelques plants de cédrat de ses expéditions asiatiques. Au Xe siècle, les Arabes commencent à cultiver l'orange amère dans le Bassin méditerranéen. Cinq cents ans plus tard, en Calabre, apparaît la bergamote qui inspirera la création* de l'*Aqua Mirabilis*, précurseur de l'*Eau de Cologne** commercialisée par Gian Maria Farina.

L'emploi des hespéridés en parfumerie est aisée puisqu'il suffit, pour en extraire* la matière odoriférante, d'en gratter le zeste boursouflé de petites vésicules. Éclatées sous la pression, celles-ci libèrent une huile positivement grisante, dont le caractère varie suivant chaque variété d'agrumes. L'orange est douce ou amère, sucrée ou un peu âpre. La mandarine, fraîche et piquante, exquise et féminine. Le pamplemousse, acidulé, rafraîchissant, parfois un peu vert. Le citron, crissant, mordant, « montant », nerveux et violent. La bergamote, fleurie, délicate, suave. La structure chimique de ces matières premières étant légère et leur point d'ébullition très bas, elles s'évaporent vite (voir Volatilité) et n'entrent donc quasiment qu'en « notes de tête » dans les compositions auxquelles elles apportent une pointe de leur senteur délicieuse. MT

Citronnier.

Alfred Stevens, *La Baignoire*, v. 1867. H/t 74 × 33. Paris, musée d'Orsay.

Hygiène

Dès l'Antiquité*, les médecins avaient reconnu les vertus curatives, désinfectantes et cicatrisantes de plusieurs huiles essentielles ou balsamiques. Faute d'en connaître le mode d'action, on les employa longtemps d'une façon empirique, hasardeuse même lors des épidémies de peste. Il faut attendre le XIXe siècle pour que des études poussées et des tests médicaux permettent de leur assurer une place dans la pharmacopée moderne, à quoi s'est ajoutée l'aromathérapie* dont un chimiste lyonnais a jeté les bases dans les années 1930.

Ces effluves bienfaisants ont-ils servi à dissimuler un manque de propreté et à masquer les odeurs* corporelles ? C'est une légende tenace. Si une époque a pratiqué ce genre de camouflage, c'est bien la nôtre avec l'usage des déodorants. Certes, dans un siècle marqué par l'exaltation toute païenne du corps nu et propre, le concile de Trente (1545-1563) proscrivit les bains publics, au nom de la morale. Il n'interdit pas pour autant les bains privés ni l'usage du savon dont la consommation a toujours été en progression régulière. Le malentendu vient simplement de l'existence, pendant 200 ans, de parfums forts et tenaces dont la seule fonction était de couvrir l'odeur âcre des peaux tannées imposées par une mode vestimentaire venue d'Italie. Cette mode disparue, on revint au début du XVIIIe siècle aux discrètes notes florales. Elles impliquaient une toilette soigneuse, à l'anglaise, à laquelle contribua la baignoire, venue d'Angleterre vers 1750. GV

Récolte du jasmin, en Inde.

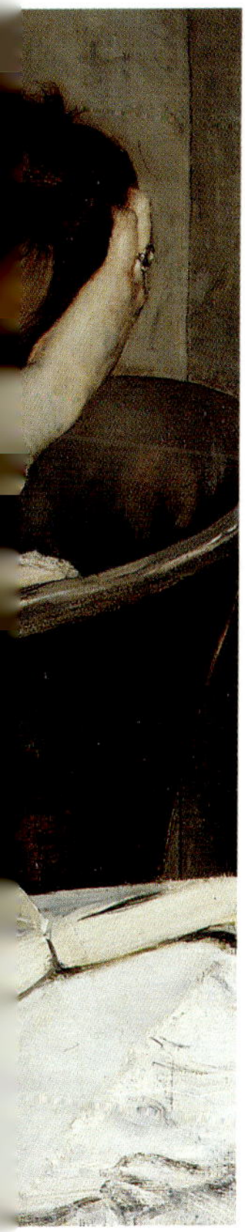

INDE : UNE GRANDE TERRE À PARFUMS

Un territoire immense, un climat tropical, une culture et des rites* religieux plusieurs fois millénaires, des influences islamiques : l'Inde a tout pour être une grande terre à parfums. Certains védas (livres sacrés) écrits il y a 3 500 ans prescrivent des fumigations de bois odorants.

C'est à une princesse indienne nommée Nùr Djihân, jeune épouse d'un empereur mongol, que la légende attribue l'invention de la distillation. En 1568, le matin de ses noces, elle remarqua une légère nappe d'écume parfumée flottant à la surface d'un canal empli d'eau de rose* : elle comprit alors que le rafraîchissement nocturne permettait la dissociation et la solidification des cires odorantes qu'il suffisait ensuite de recueillir pour pouvoir les conserver.

De nos jours encore, le parfum (« *attar* » en hindi) est très présent dans la vie quotidienne : libations et aspersion des sols à l'eau parfumée, onction du corps et lustrage de la chevelure aux huiles de santal*, de patchouli ou d'ambre, bâtonnets d'encens* brûlés sur le coin des tables... Le jour de la fête du printemps, l'hôte jette des poudres d'aromates ou de vétiver* sur ses invités, les passants s'arrosent d'eau de safran ou de rose. Sans oublier la crémation funéraire traditionnelle qui s'accomplit sur des bûchers de santal, arbre sacré national. L'Inde est aussi l'un des plus importants pourvoyeurs d'essences au monde : tubéreuse* (essence extraite* par enfleurage) que l'on ne trouve plus ailleurs, rose, jasmin* (d'excellente qualité), santal (de la région de Mysore), ambrette, calamus, gingembre, piment, muscade, poivre, citronnelle, etc. MT

Boutique Floris, à Londres.

Atelier de la maison Molinard, v. 1923.

Indépendants

Face à l'industrialisation* des métiers de la parfumerie, et à la standardisation des produits, certains parfumeurs indépendants, ou « nouveaux parfumeurs », se taillent chaque jour une part de marché grandissante. Leur profession de foi : un retour aux procédés traditionnels et notamment aux matières premières naturelles*. Ainsi, certaines maisons anciennes, dont on attendait la mort prochaine, ont vu ces dernières années leurs ventes croître brusquement, surtout lorsque des *corners* leur ont été ouverts dans les grands magasins new-yorkais comme Bergdorf and Goodman. C'est le cas des boutiques* anglaises qui avaient gardé un ancestral savoir-faire comme Penhaligon et Floris, ou de l'Officina Farmaceutica de Santa Maria Novella, à Florence, dont les recettes de parfums ont plusieurs siècles. En France*, l'initiateur fut Jean-François Laporte (L'Artisan Par-

Parfumerie, v. 1950.

fumeur, Le Maître Parfumeur et Gautier), suivi par Annick Goutal, Josiane Daudon (Octée), et plus récemment Serge Lutens, avec Les Salons du Palais Royal, financés par le groupe Shiseido. Dans la foulée, certaines marques, comme Patou, Lancôme ou Caron, ont renoué avec l'ancienne formule des « tirages limités » (voir Collections), achetables dans une seule boutique à Paris. L'universitaire Lorenzo Villoresi (voir Nez) a fondé, à Florence, L'Atelier de Parfumerie : à l'exemple d'une maison de haute couture, il crée* des parfums sur mesure pour une clientèle internationale, revenant à un conditionnement* luxueux et élégant – flacons* en cristal et boîtes en cuir de Florence – que l'on croyait appartenir au passé. Une tendance adoptée également par Patricia de Nicolaï et Nicolas de Barry, en France. Enfin, certaines maisons proposent aussi des « recompositions » de parfums anciens, comme celui de Catherine de Médicis par l'Officina Farmaceutica de Santa Maria Novella, ou les « parfums bibliques » en vente au musée de la Bible, à Jérusalem. NDB

Pages suivantes : Brûle-parfum en albâtre et bronze doré par Armand Rateau, 1925.

Pot-pourri.

Industrie

Même si certains parfumeurs parisiens (comme Guerlain) ou distillateurs de Grasse* (tels Roure, Robertet ou Chiris) possèdent d'importantes usines dès la fin du siècle dernier, ce n'est qu'après la Première Guerre mondiale que naît réellement l'industrie moderne de la parfumerie (voir Années folles). Les produits de synthèse* permettent la réalisation de fragrances fidèles et sophistiquées. L'essor économique et les grandes évolutions du mode de vie urbain ouvrent la porte au parfum pour tous (voir Démocratisation). Les grands magasins proposent des « articles pour dames », les gazettes féminines fleurissent qui vantent les produits et multiplient les réclames. Les recettes de « sent-bon » domestique, que l'on préparait soi-même d'après les recettes des almanachs, disparaissent. Les femmes, plus nombreuses à travailler, découvrent l'ivresse de l'achat et l'illusion

du luxe à portée de porte-monnaie. En conséquence, la parfumerie découvre une nouvelle clientèle, tout autre que celle des grands bourgeois et des aristocrates qu'elle fournissait auparavant. Il s'agit maintenant de plaire au plus grand nombre pour vendre au maximum. À côté de Chanel, Patou, Worth ou Lanvin, d'autres marques moins élitistes, comme Bourjois qui lance *Soir de Paris*, s'adressent aux classes moyennes.

À la fin des années 1960, le développement du marketing entraînent la multiplication des produits, de plus en plus ciblés. Aujourd'hui, la parfumerie est la deuxième industrie exportatrice de France*, après l'aéronautique et avant l'automobile. MT

Intérieur (parfum d')

Littéralement, parfum signifie « par la fumée » : parfumer la maison par fumigation était courant dans l'Antiquité* et l'est encore aujourd'hui en Orient. L'art chinois* du *Feng Shui*, qui concerne l'harmonie des énergies dans l'espace, juge bénéfiques les vents qui apportent des parfums comme le jasmin* ou l'eucalyptus dans la maison. Dans l'Égypte*, la Grèce et la Rome antiques, la maison est

parfumée, et l'on répand sur le sol des pétales de fleurs pour honorer un invité de marque ou comme prélude à une nuit d'amour. Les meubles et parfois l'enduit de construction sont parfumés.

En France*, au XVIIe siècle, la mode est encore aux « oyselets de Chypre », des petites pastilles à brûler en forme d'oiseau. L'art du pot-pourri est alors à son apogée : il consiste à récolter des matières naturelles, comme les pétales de fleurs, et à les laisser fermenter, ce qui permet à la fois la conservation et la concentration des vertus des plantes. (Rien à voir avec les copeaux de bois parfumés artificiellement vendus aujourd'hui sous ce nom !) L'Officina Farmaceutica de Santa Maria Novella, à Florence, également célèbre pour ses parfums et ses savons, perpétue cette tradition. Il est à noter que, jusqu'au XIXe siècle, il est admis que les odeurs* sont le véhicule des maladies et que parfumer sa maison, c'est en somme la désinfecter.

On parfume également, bien entendu, les accessoires de la maison, les meubles, les armoires et le linge. Au début du siècle, les riches Brésiliens de Belem envoyaient leur linge à laver en Angleterre : les blanchisseurs anglais avaient la réputation de travailler de manière hygiénique et, surtout, ils parfumaient le linge avec la fameuse *English Lavender* dont la senteur durait des mois (voir Lavande).

Aujourd'hui, les ressources sont plus pauvres, même si une mode récente permet de se procurer des pots-pourris, des brûleurs d'essence, des bougies ou des pierres parfumées, et des sachets pour les armoires. L'idéal pour parfumer la maison est de posséder un jardin et un bon manuel pour préparer durant l'été les produits de l'hiver, de la même manière que l'on prépare les confitures. NDB

« Elle s'arrêta devant la boutique d'un fruitier et acheta des jasmins d'Alep, […] des violettes, des fleurs de grenadier et des narcisses […]. Puis elle s'arrêta chez le distillateur, et lui acheta dix sortes d'eaux : de l'eau de rose, de l'eau de fleurs d'oranger, et un aspersoir d'eau de rose musquée, des grains d'encens mâle, du bois d'aloès, de l'ambre gris et du musc. »

Les Mille et une nuits, traduction de Charles Mardrus.

IRIS

Dans la mythologie grecque, Iris était la messagère de Zeus et la personnification de l'arc-en-ciel (*iris*, en grec, signifie « arc-en-ciel »). Fille de Thaumas et d'Électre, amante de Zéphyr et mère d'Amour, elle préparait aussi la toilette et le bain d'Héra. C'était la divinité du parfum.

Originaire d'Europe du Sud et d'Afrique du Nord, l'iris est une plante à rhizome (tige souterraine à laquelle s'attachent les racines), de la famille des iridacées. Comme l'arc-en-ciel, l'iris connaît des variétés de toutes les couleurs, soit une centaine d'espèces au total, dont l'iris fétide (*Iris foetidissima*) à fleur jaune et l'iris blanche de Florence (*Iris fiorentino*), originaire de Macédoine, qui est au contraire un trésor ancestral en parfumerie : mais la fleur ne vaut rien, c'est le rhizome qui donne l'essence d'iris (voir Extraction) et la poudre qui parfumait les précieuses au XVIIe siècle. Cette fameuse « note poudrée » que vantèrent tant de parfums, c'est l'iris, dont la meilleure essence est une spécialité quasi exclusive de Florence. La mode en fut sans doute lancée par Catherine de Médicis. Aujourd'hui en perte de vitesse, considérée comme une « essence de vieille dame », l'iris mérite les plus respectueux hommages, comme le récent *Iris Silver Mist* de Serge Lutens (pour Les Salons du Palais Royal – Shiseido), ou les créations* parfaites du parfumeur florentin Lorenzo Villoresi (voir Nez), qui redonnent à cette senteur unique faite de « poussière miraculeuse » une nouvelle jeunesse. NDB

Rhizomes de l'iris.

Iris fiorentino.

Salon vert de l'*Officina Farmaceutica de Santa Maria Novella*, Florence.

Boîte du parfum *Violetta di Parma*.

ITALIE
L'héritière des savoirs antiques

C'est de Constantinople, où l'antique* cosmétique gréco-romaine s'était réfugiée et épanouie, et à travers ses colonies byzantines que la parfumerie a été progressivement réintroduite en Italie. Les Arabes, qui occupent la Sicile, participent à cette renaissance avec l'apport du jasmin* et de végétaux odoriférants. L'adoption de l'alambic* amélioré permet l'élaboration, au cours du VIIIe siècle, d'un liquide étrange dont le nom alchimique d'origine arabe, *al-Kohol*, remplacera celui d'« eau ardente ». Au XIIIe siècle, on eut l'idée de faire macérer dans cet alcool du romarin et de l'essence de térébenthine, créant un produit d'hygiène* auquel on donna le nom flatteur d'*Eau de la Reine de Hongrie*, ancêtre de toutes les eaux italiennes et de l'*Eau de Cologne**. C'est à partir de Venise, qui s'était assuré le monopole du commerce des substances odorantes et de la fabrication de la verrerie de luxe (voir Flacon),

que se développe la parfumerie alcoolique, c'est-à-dire la parfumerie moderne. Elle s'épanouit en écoles distinctes à Bologne, Florence et Rome. Cette suprématie italienne, facilitée par la culture des agrumes (voir Hespéridés) et du jasmin dans les provinces méridionales, ne dure qu'un siècle (XVe-XVIe). Le déplacement des activités bancaires de la Méditerranée vers le Nord de l'Europe, les nouvelles voies vers l'Orient ouvertes par les Portugais et les Espagnols entraînent le déclin de l'Italie. La naissance à Grasse* d'une pré-industrie de la parfumerie, la promotion de Paris au rang de centre européen de la mode et du luxe entraînent pour trois siècles la marginalisation de la parfumerie italienne. Depuis une quinzaine d'années, les couturiers* et les parfumeurs de Milan, de Florence et de Rome ont brillamment rendu à l'Italie une place internationale. GV

JASMIN

Avec la rose*, c'est l'autre essence mythique de la parfumerie. Presque tous les parfums féminins réclament une note jasminée dans leur composition, sans parler des grands classiques au jasmin comme *L'Aimant* (1927) de François Coty, *Arpège** de Jeanne Lanvin ou *Joy** de Jean Patou !

C'est l'une des plantes les plus délicates. Pour conserver leur arôme, les fleurs de jasmin doivent être récoltées* la nuit et traitées avant le jour. Elles ne supportent ni la distillation ni la moindre chaleur. On les traitait traditionnellement par enfleurage à froid (voir Extraction) et aujourd'hui par gaz froid. Le jasmin de Grasse*, comme la rose de mai, a presque disparu. On trouve les meilleures absolues en Inde* (dont le jasmin est originaire) et en Égypte* : il faut sept millions de fleurs pour obtenir un kilo d'absolue. Les espèces cultivées sont le *Jasminum grandiflorum, officinale* ou *odorantissimum.*

Selon le mythe indien, Kama, dieu de l'Amour, atteignait ses « victimes » par des flèches auxquelles il attachait des fleurs de jasmin. Pour Xénophon, c'est la fleur du paradis. Cléopâtre, avant d'entraîner Marc Antoine sur un lit de pétales de roses, était allé à sa rencontre dans un voilier dont la coque était en bois de cèdre et les voiles enduites d'essence de jasmin !

Dans la Chine* ancienne, le jasmin était le symbole du beau sexe et de sa douceur. La Chine devint au XVIIIe siècle le principal producteur de jasmin avec une capacité évaluée, d'après les archives du temps, à plus d'un milliard de kilos. Il est toujours cultivé, dans de moindres proportions, dans les provinces du Sud. Selon l'art du *Feng Shui*, posséder du jasmin dans son jardin est indispensable à l'harmonie de la maison (voir Intérieur). La pharmacopée chinoise traditionnelle l'utilise également mélangé au vin ou au thé, et en huile de massage (voir Aromathérapie).

Le jasmin devint au XVIIIe siècle la fleur de Grasse par excellence. Napoléon en achetait de grandes quantités pour Joséphine de Beauharnais. Du fait du coût élevé de la main-d'œuvre, sa production, considérablement réduite, n'est plus aujourd'hui que symbolique. Les principaux producteurs sont l'Inde et l'Égypte. NDB

Cueillette du jasmin en Inde.

Jeu d'encens, XVIIIe siècle. Bois laqué. Londres, British Museum.

Jeu

Le *Koh-Do* japonais ou « voie de l'encens* » est un art millénaire, extrêmement raffiné. Il atteignit son apogée pendant la période Edo (1600-1868), lorsque le pays nippon, dans la préservation orgueilleuse de sa culture, ferma ses portes à toute influence étrangère. Cet art a pris la forme d'un jeu qui se pratique seul ou à plusieurs, selon différents modes.
Le premier, le *Koh-Awase*, consiste à deviner les différentes variétés d'encens brûlées au cours d'une réunion : il existe plus de 2 000 parfums différents, simples ou composés. Un autre jeu consiste à mélanger les encens pour traduire une humeur ou une ambiance. On peut aussi, s'inspirant d'une ou deux senteurs, évoquer un thème littéraire* et exprimer ses sensations au moyen d'une composition poétique. Il s'agit alors du *Kumi-Koh*. Dans le rituel du jeu *Genji-Koh*, ainsi nommé d'après le grand classique littéraire *Genji Monogatari* (v. 1000), le joueur « écoute » l'encens avec « l'oreille de l'esprit » et dessine un trait. Quatre autres fragrances suivent, elles aussi symbolisées par une ligne. Cinquante-deux combinaisons sont possibles formant des motifs de cinq traits, correspondant chacun à un chapitre du *Genji*. Rien de tel en Occident où les exercices olfactifs* n'existent pas, mis à part ceux de l'œnologie. MT

Jicky de Guerlain, 1889.

Jicky

Souvent présenté comme l'un des tous premiers parfums élaborés avec un produit de synthèse*, *Jicky* est né en 1889. Dans sa formule, composée par le génial Aimé Guerlain, de la bergamote, de la coumarine à l'odeur* de foin, de la fève tonka, de la vanilline (aldéhyde isolé de la vanille) et de la civette, sécrétion d'un chat sauvage africain. À la fin du siècle dernier, les dames parfument leur papier à lettres, leurs ourlets, mais surtout pas leur peau*. Les fragrances doivent êtres « fines et douces, eaux de violette ou de mimosa ». C'est dire si *Jicky* est en avance sur son temps… et dédaigné. Sauf des dandys qui s'en éprennent avec ravissement, jusqu'à ce que, vingt ans plus tard, le parfum trouve enfin les faveurs féminines. Jacques Guerlain compose alors, sur un accord très proche mais allégé par les hespéridés*, un magnifique *Mouchoir de Monsieur*. En 1925 (voir Années folles), le parfumeur reçoit un échantillon d'éthylvanilline, nouveau produit qui lui semble intéressant. Il en verse une louche dans une cuve de *Jicky* : *Shalimar* est né. MT

Joy

En 1929, en pleine période de krach, Jean Patou décide de dédier un parfum à l'une de ses clientes ruinées… Une manière de conjurer la crise. Ainsi va naître *Joy*. Patou demande au parfumeur Henri Alméras (voir Nez) de lui présenter plusieurs projets, et de ne pas lésiner sur les essences les plus rares et les plus chères. Patou choisit le concentré le plus somptueux et ordonne d'en doubler encore la concentration* : « Ce sera le parfum le plus cher du monde », lance-t-il. Cette formule est encore, soixante-dix ans plus tard, le slogan du produit.
À l'origine, il ne fallait pas moins de 10 600 fleurs de jasmin* et 28 douzaines de roses* pour réaliser une once de *Joy*, selon les calculs de Jean Patou. Le flacon*, en cristal de Baccarat pour la version de luxe, a été dessiné par Louis Sue (voir Conditionnement) et est fermé par un bouchon traditionnel en verre serti au fil d'or.
L'originalité de ce parfum est d'avoir tenté et réussi le mariage de la rose et du jasmin, les deux « grandes dames » des huiles essentielles, dans un bouquet floral extrêmement capiteux, renforcé encore par des notes de tubéreuse* et de ylang ylang. On n'a jamais inventé parfum plus floral que *Joy*. À 150 000 francs le kilo, l'absolue de jasmin de Grasse* ne figure plus aujourd'hui qu'à titre symbolique dans la composition. Mais la maison Patou continue d'être l'un des rares utilisateurs d'essences naturelles* parmi les marques industrielles*. NDB

Joy de Jean Patou.

Langage

Décrire une odeur* ? Impossible ou presque. Il n'existe pas en effet de mots spécifiques pour traduire l'impression de chaleur, d'onctuosité, de piquant ou d'éclat produit par une fragrance.
Aristote, le premier, s'attacha à établir une classification des odeurs : douces, acides, austères, grasses, acerbes, fétides. Deux mille ans plus tard, Linné parle d'odeurs fragrantes, ambrosiaques, nauséeuses, aromatiques, alliacées ou repoussantes. Aujourd'hui, en parfumerie, on distingue sept familles* de fragrances et, au-delà, vingt-six groupes de composants différenciés : anisés, balsamiques, agrestes, iodés, etc. Chaque adjectif reste imprécis, subjectif, lié à la perception de celui qui l'énonce. En effet le langage de l'odorat (voir Olfaction) ne repose pas sur une base sémantique, il fonctionne par analogie.
Pour parler du parfum, il faut puiser dans le répertoire culturel commun, évoquer le biscuit sec pour la fève tonka, le champignon terreux pour la mousse de chêne, la lumière et le pétillant pour l'hédione, etc. Même quand l'odeur est connue de tous (par exemple, la rose*), l'expérience que l'on en a ne peut être qu'individuelle et non transmissible (voir Mémoire). C'est sans doute pourquoi ceux qui parlent le mieux des odeurs sont les écrivains : Saadi, Baudelaire, Huysmans ou Süskind sont parmi ceux qui ont su trouver les mots pour raconter l'indicible (voir Littérature). MT

LAVANDE

Il était une fois une petite fleur sauvage qui poussait entre le thym et le romarin, dans les garrigues méditerranéennes. Cultivée à partir du début du XXe siècle, elle fournit à la Provence l'une de ses images emblématiques : ses vastes champs d'un violet bleuté. Dans l'Antiquité*, les Romains l'utilisaient pour parfumer bains et lessives (lavande vient de *lavare*, « laver »). À la Renaissance, les tanneries de Grasse* l'emploient pour parfumer les cuirs. Puis, elle fait une entrée (tardive) dans la composition des eaux de Cologne* jusqu'à devenir l'eau de toilette classique des hommes (voir Masculin/féminin). Spécialité anglaise depuis un siècle, elle fait encore les beaux jours des après-rasage « à l'ancienne ».

La lavande appartient à la famille des labiées aromatiques, comme la menthe, l'origan, la sarriette, la sauge et le thym. Elle se caractérise par des fleurs irrégulières en corolle. Près de soixante-dix espèces sont répertoriées dans le monde, mais trois seulement en France*, principal producteur de cette essence de parfumerie : la lavande maritime, la lavande aspic et la lavande vraie, ou fine, qui pousse au-dessus de 800 m, surtout en haute Provence. Désormais, il faut y ajouter le lavandin, un hybride de la lavande vraie et de la lavande aspic obtenu par bouturage, qui pousse à peu près partout et fournit une essence moins chère.

Les premières fleurs apparaissent en juin et se récoltent* en juillet-août. Après la coupe et le séchage, les fleurs sont entassées en vrac ou en bouquets dans des alambics* (voir Extraction), aujourd'hui à vapeur, pour lesquels la paille de lavande sert de combustible. Il faut entre 60 et 100 kilos de fleurs pour obtenir un kilo d'huile essentielle.

Il existe différentes qualités d'essences naturelles*, de la lavande extra jusqu'au lavandin grosso, ainsi qu'une lavande synthétique* bon marché. Utilisée pour les « notes de tête » dans des compositions fraîches, la lavande est aussi employée comme arôme alimentaire : elle parfume les calissons d'Aix, une variété de sorbet, sans parler du miel naturel de lavande, le plus recherché dans le Lubéron et les Alpes-de-Haute-Provence. NDB

Cueillette de la lavande
en Provence.

Littérature

De tout temps, les poètes ont célébré les odeurs*. Tel celui du magnifique *Cantique des Cantiques* : « Elle est un jardin bien clos, ma sœur, ô fiancée ; [...] un verger de grenadiers, avec les fruits les plus exquis : le nard et le safran, le roseau odorant et le cinnamome, avec tous les arbres à encens* ; la myrrhe* et l'aloès, avec les plus fins arômes. » Au XIIe siècle, le Persan Saadi écrit dans le *Gûlistan* : « Mon propos fut, tel le santal*, aux feux de l'image de me consumer, laissant le parfum envahir le monde. »

À l'exception notable de Michel de Montaigne, la rencontre du parfum et de la littérature française ne se fit qu'au siècle dernier. Pour être toutefois des plus fructueuses. De Charles Baudelaire (« des parfums frais comme des chairs d'enfants, doux comme des hautbois, verts comme des prairies ») à Émile Zola (somptueuse évocation olfactive du quartier des halles dans *Le Ventre de Paris*) en passant par J.-K. Huysmans dont le héros de *À Rebours*, Des Esseintes, compose des accords parfumés pour voyager dans le temps, ou Colette dont la plume sait admirablement évoquer les sensations gustatives et olfactives* (le gardénia : « une fleur d'oranger imaginaire, un mousseron crû en une heure »). Sans oublier Marcel Proust pour qui, lorsque tout a disparu, l'odeur porte encore « presque impalpable, l'édifice immense du souvenir » (voir Mémoire). Pour ce qui est de la littérature contemporaine, l'écrivain allemand Patrick Süskind est certainement celui qui a le plus marqué les lecteurs. Son roman *Le Parfum* est un best-seller international. MT

Colette dans sa propriété à Auteuil, v. 1925.

Masculin/féminin

La différenciation entre parfums féminins et masculins est des plus récentes. Elle est aussi strictement occidentale.

Le Christ accepte que Marie Madeleine lui verse un plein vase de parfum précieux sur les pieds. Au XVIIIe siècle, les petits marquis allaient poudrés et parfumés comme des cocottes. Les muscadins du Directoire répandaient de puissants effluves sur leur passage. Dans le Maghreb, en Polynésie, en Inde* et à travers tout le Moyen-Orient, hommes et femmes usent des mêmes essences fleuries, opulentes et capiteuses ; et ce n'est pas déchoir ou manquer de virilité pour un monsieur d'y porter une rose* derrière l'oreille.

La sexualisation du parfum découle de l'hygiénisme* qui envahit l'Europe à la fin du siècle dernier et du puritanisme anglo-saxon selon quoi un homme, un vrai, ne se parfume pas, sent le propre ou la sueur. En 1936, le bruit courut que

François Hubert Drouais, *Portrait de groupe,* 1756. Washington, National Gallery of Art.

Léon Blum se parfumait au patchouli… Il faut attendre 1968 et la génération hippie pour que s'effiloche la méfiance. Et que se fasse, sans transition, le passage de l'eau de Cologne* au santal* de Katmandou. Excès ? Sans doute, mais, comme toute transgression, il permet une salutaire déculpabilisation.

Trente ans plus tard, les nez ont été éduqués, les mœurs ont évolué. Les parfums pour homme s'enroulent de plus en plus souvent dans les fleurs et les fruits, les résines, les épices* et les bois (deux senteurs très « masculines »). Leurs versions concentrées* se multiplient (les eaux de parfum à 15 % ne sont pas rares) et la frontière qui les sépare des parfums pour femme ne tient plus guère qu'à quelques signes symboliques et à l'emballage (voir Androgyne). L'essentiel étant de respecter ces codes, les fragrances masculines peuvent se permettre d'être de plus en plus tenaces et/ou raffinées. MT

Léon Frédéric, *Fragrance*, 1894. H/t 100 x 66. Coll. part.

Mémoire olfactive

Une écharpe de narcisse flottant dans la brise, une bouffée de vieux papiers saisie au vol, et soudain un pan du passé resurgit, qui nous laisse pantois, laminé par l'intensité de cette résurrection. Il n'y a pas de parfum sans mémoire.

À la perception d'une fragrance inconnue, le cerveau enregistre l'impression suscitée et la met en réserve ; confronté à nouveau à cette odeur*, il retrouve aussitôt la trace de la première olfaction* et ses paramètres. Fusse cinquante ans plus tard. Contrairement aux informations reçues via les autres sens, qui pour partie disparaissent rapidement de la mémoire, il n'y a pas de court terme en ce qui concerne l'odorat : ce qui est inscrit est gravé à vie, court-circuitant les paliers de la pensée et du langage*. C'est la rapidité de transmission des informations olfactives qui fait de l'odorat un sens efficace et essentiel pour tous les mammifères : reconnaissance de la nourriture, approche du partenaire, avertissement du danger.

Situés l'un près de l'autre, les centres nerveux de l'odorat et de la mémoire sont donc en symbiose lorsqu'un effluve jaillit, qui ressuscite une émotion que l'on croyait évanouie. Ce n'est pas l'odeur qui nous bouleverse, mais plutôt que ce qu'elle réveille, le contexte dans lequel elle s'est jadis inscrite : l'amante disparue, la maison d'enfance oubliée, etc. Quitte à ce que le souvenir, fortement lié au domaine affectif, soit sujet à variations, idéalisé par la nostalgie… « Offrir un parfum, écrit Diane Akerman dans *Le Livre des sens*, c'est offrir de la mémoire liquide. » MT

MOYEN ÂGE
L'émergence de la parfumerie européenne

Esquissée à l'époque carolingienne, la parfumerie européenne émerge au XIIIe siècle grâce au pouvoir d'achat et au désir de paraître d'une classe en cours d'ascension sociale, la bourgeoisie. Cette activité, entravée par l'insuffisance des moyens techniques, doit se limiter à de modestes produits : poudres végétales, eaux, baumes, huiles, résines, mélanges formant des pâtes sèches à brûler dans des diffuseurs, tels les coûteux *oyselets de Chypre*, ou plus simplement à placer dans des sachets et de petites boîtes de senteur. Les Croisades ont enrichi cet ensemble limité avec l'usage des boules de savon dur à base de soude (voir Hygiène) – on ne connaissait jusque-là que les lessives de potasse – et de l'eau de rose* utilisée surtout pour les ablutions. Des jonchées de plantes odoriférantes, répandues sur le sol des habitations, parfumaient les intérieurs*. L'Italie* grâce à Constantinople, l'Espagne avec les Arabes échappaient à cette médiocrité. Mais tous étaient bridés par le nombre dérisoire des huiles essentielles disponibles – moins d'une demi-douzaine – et l'impossibilité de produire en grandes quantités l'indispensable solvant, l'alcool.

Le renouvellement des sciences et des techniques dans l'Italie et l'Allemagne rhénane de la Renaissance (voir Alambic) permettra à Venise de créer au XVIe siècle la parfumerie moderne, introduite en France* par les Florentins accompagnant Catherine de Médicis. GV

Boutique de parfums et onguents, XIIe siècle. Chapiteau roman. Modène, Museo Civico di Storia de Arte Mediovale e Moderna

MYRRHE

La myrrhe est l'une des essences les plus anciennes : elle est mentionnée dans des textes égyptiens* datant de 2 000 ans av. J.-C. Extraite* de la résine du *Commiphora burseraceae*, elle est toujours utilisée en parfumerie fine : Serge Lutens, dans sa série pour Les Salons du Palais Royal, lui a consacré l'une de ses fragrances les plus somptueuses.

Les arbustes, hauts de 1 à 6 m, poussent dans les savanes arides de Somalie, d'Éthiopie, du Soudan et de la péninsule d'Arabie. L'arbre se couvre à la fin août de fleurs blanches et vert clair. Son tronc, de 30 cm de diamètre environ, se boursoufle de nœuds qui doivent être incisés pour que la résine s'écoule en petites gouttes jaunes. Une fois séchées sur l'arbre, ces « larmes » sont recueillies pendant les mois secs de l'été.

Cette matière très odoriférante – les Arabes l'utilisent telle quelle, en petits sachets pendus dans les armoires – est traitée pour obtenir le résinoïde et l'absolue de myrrhe. Elle est également distillée à la vapeur d'eau pour extraire l'huile essentielle. La myrrhe donne une « note de fond » très caractéristique, un peu amère (myrrhe vient de *murr*, « amer » en arabe), quasi omnipré-

sente dans les parfums orientaux traditionnels, conférant aux notes de rose* une sensualité particulière.
Les Grecs de l'Antiquité* appréciaient beaucoup la myrrhe, notamment pour parfumer le vin. Selon la légende, Jupiter transforma son amante Myrrha (la mère d'Adonis) en arbuste odorant pour qu'elle échappe au courroux de Junon. À Héliopolis, la ville du dieu-Soleil Rê, on brûlait des essences trois fois par jour pour marquer les étapes du cycle solaire : la myrrhe était l'essence brûlée à midi. Démocrite la cite également comme l'un des principaux ingrédients du fameux *kyphi* (ou *khepri*) égyptien.

Un arbre à myrrhe dans la région de Ma'rib, Yémen.

Quand Salomon conquit l'Arabie, la reine de Saba fit un voyage de 3 000 km afin d'obtenir la garantie de circulation sur la route* de la myrrhe et de l'encens*. Ce sont aussi ces deux essences que tout naturellement les Rois Mages apportèrent du désert à l'Enfant Jésus. La myrrhe est le premier parfum cité dans la Bible. Mais ce sont les Grecs qui en firent un parfum sophistiqué : elle est le principal ingrédient de l'onguent appelé *mégalaion* et du *susinun* qui associe lys rouge et myrrhe. NDB

Naturels (composants)

Au codex des senteurs naturelles, on trouve à peu près tout ce que la terre a inventé dans l'ordre du végétal : des bourgeons et des boutons (rose, cassis, clous de girofle) ; des pétales (jasmin*, narcisse, tubéreuse*, ylang ylang, rose*, osmanthus, lavande*) ; des racines (vétiver*, gingembre), de la mousse et des rhizomes (iris*) ; des écorces (cannelle) et des bois (bouleau, santal*, cèdre, gaïac) ; des feuilles (violette, géranium, verveine, patchouli) ; des herbes fines (armoise, menthe, basilic, estragon, romarin) ; des fruits, des baies et des zestes (vanille, agrumes, piment, genièvre) ; des graines et des pépins (poivre, coriandre, fève tonka, cardamome) ; des gommes et des sucs (galbanum, encens*, labdanum).

Si l'on se représente un arbre, l'on se figure ses odeurs* : terreuses et humides aux racines qui captent les exhalaisons de l'humus ; sèches et rudes à l'écorce ; amples et généreuses aux branches en croissance ; vertes et fines, pleines de sève et parfois d'âcreté, lorsqu'on atteint les feuilles ; concentrées et piquantes aux graines ; suaves aux fruits mûris par le soleil ; miellées et délicates aux fleurs chargées de nectar. Car plus on s'élève vers les extrémités d'une plante, plus la structure chimique de ses composants olfactifs s'allège : compacte et rémanente à la base, volatile* et fugace à la pointe. MT

Cannelle de Mayotte, géranium de la Réunion, piments, fleurs d'oranger de Tunisie, vanille de Madagascar et ylang ylang des Comores.

NEZ : DES ARTISTES SOUVENT INCONNUS

En parfumerie, le « nez » est le créateur de fragrances, celui qui, dans le silence de son laboratoire ou atelier, invente ces harmonies qui deviendront des parfums. Autrefois, le parfumeur était un artisan qui tenait boutique : en Orient, il vend épices*, herbes et médicaments ; en Occident, jusqu'au XIXe siècle, il appartient au corps* de métier des gantiers-parfumeurs qui vendent perruques, vinaigres, liqueurs et gants. Le premier grand parfumeur célèbre est Gian Maria Farina, neveux et héritier de l'inventeur de l'*Aqua Mirabilis*, rebaptisée *Eau de Cologne**, car il était établi dans cette ville. L'*Eau de Cologne* devrait sa notoriété à Napoléon Ier qui, dit-on, en utilisait plusieurs litres par jour.

À l'exception de la dynastie des Guerlain (voir Jicky), qui a donné son nom à une marque toujours fameuse, de l'Anglais W. H. Penhaligon ou du Français Houbigant, peu de grands « nez » sont connus. La raison en est que ceux-ci travaillent le plus souvent pour le compte des grands laboratoires, ignorés du public qui identifie les parfums fameux à leurs marques – Chanel, Lancôme, Saint Laurent, etc. – et non à leurs créateurs.

Certains de ces « artistes obscurs » sont toutefois sortis de l'ombre, comme Edmond Roudnitska, le génial créateur de *Diorissimo* ou *Eau* Sauvage* de Dior. Il est des marques qui tiennent à garder un nez « maison », comme Jean-Paul Guerlain chez Guerlain, ou Jean Kerléo chez Patou. La mode récente, mais encore très élitiste, des « artisans parfumeurs » indépendants* donne du prestige aux « nouveaux nez » qui s'affichent, comme Jean Laporte, Annick Goutal ou Lorenzo Villoresi.

Dans l'imaginaire collectif, le « nez » apparaît pourtant encore comme un « alchimiste » mystérieux, voire un criminel comme le personnage de Grenouille, dans le roman *Le Parfum* de Patrick Süskind, et en tout cas comme un misanthrope, à l'instar du personnage incarné par Yves Montand dans *Le Sauvage* de Jean-Paul Rappenau. NDB

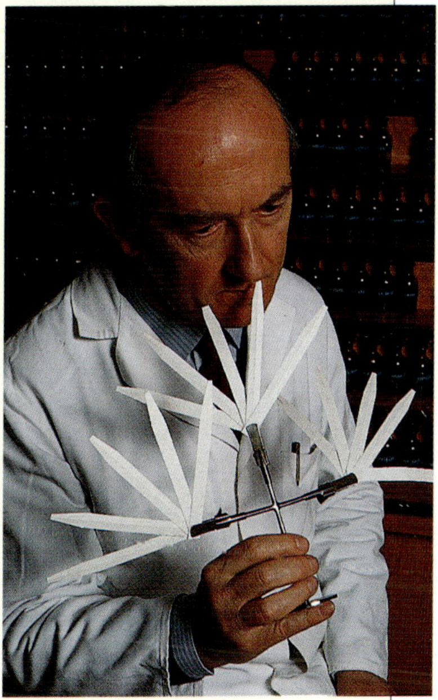

Jean Kerléo, « nez » de la maison Patou.

Odeur

Edmond Roudnitska (voir Nez), un des plus grands parfumeurs du siècle (auteur de *Diorissimo* et *Eau* Sauvage* pour Dior), s'énervait vivement lorsque, parlant d'un parfum, on employait le mot odeur (voir Langage). Le parfum est un produit élaboré, certains diront une œuvre d'art, l'odeur est une combinaison naturelle de divers corps olfactifs*.

Ceci n'empêche pas que l'on juge l'une comme l'autre. Les odeurs sont bonnes ou mauvaises, fétides ou érotiques*, etc. Ces jugements, comme l'a établi la neurophysiologie sensorielle, sont d'ordre strictement

Olfaction

Pas encore totalement décrypté, l'odorat est un ensemble complexe et mystérieux. Lorsque les molécules parfumées montent vers le nez, elles pénètrent dans les fosses nasales où les reçoit une muqueuse tapissée de millions de cellules réceptrices, en connexion directe avec le bulbe olfactif. Le chemin qui relie le bulbe au système limbique (dans lequel le cerveau stocke ses impressions) est le plus court qui soit : pas de passage préalable par les centres de l'intellect que sont le thalamus et le néo-cortex, comme pour les signaux envoyés par les autres organes sensoriels. Mais un aller instantané vers le rhinencéphale, c'est-à-dire la partie la plus archaïque des centres nerveux, celle qui formait la

culturel, dus à l'éducation qui forme nos goûts et nos dégoûts pour les odeurs. Sigmund Freud abonde dans ce sens lorsqu'il note que le toucher et l'odeur des excréments suscitent le plus vif intérêt chez le petit enfant, et que l'interdiction sociale de ce plaisir est fondateur du processus de refoulement.

Rien d'étonnant, donc, au fait que ce qui est agréable à certains peuples en répugnent d'autres. Les Eskimos s'enduisent de graisse de phoque alors que les Japonais abusent des déodorants ; les Méditerranéens ne s'offusquent pas d'un baiser parfumé à l'ail qui ferait fuir n'importe quel Américain (voir États-Unis)… MT

Jan Brueghel de Velours et Pierre Paul Rubens, *Allégorie des sens : l'Odorat*, 1617-1618. H/t 64 × 109. Madrid, Museo del Prado.

base du tout premier cerveau et à partir de laquelle les hémisphères gauche et droit se sont développés. Les cellules olfactives sont les seules de l'organisme à se renouveler jusqu'à la mort. Au rythme d'une nouvelle souche tous les vingt jours, on sent donc aussi bien à l'âge de cent dix ans qu'à celui de deux jours. MT

Opium

Les grands parfums naissent toujours dans la rupture. En 1976, la tendance est aux notes vertes, plutôt froides. Yves Saint Laurent, lui, rêve « d'un parfum pour l'impératrice de Chine* », d'une senteur orientale, genre presque totalement oublié depuis *Shalimar* (créé par Guerlain en 1925). Ses financiers, eux, rêvent d'un parfum pour reconquérir les États-Unis*, fort, dominateur et irrésistible. Le nom *Opium* est une idée du couturier*, le flacon* aussi (voir Conditionnement), orné d'un gland de soie frangée dont il a déniché le modèle au fond de sa collection personnelle.
Il faudra des mois pour assembler le jus (auquel Mme Lauder trouvera trop de ressemblances avec son *Youth* Dew*) : un peu d'orange, du piment, de l'œillet, la trilogie rose*-jasmin*-ylang, de la pêche et des épices* à profusion, de la vanille, de l'encens*, du santal*, du patchouli, de l'ambre, des muscs… Le produit est à peine mis en vente, que l'on frôle la rupture de stock. Deux décennies plus tard, il continue d'enivrer des millions de femmes à travers le monde. MT

Opium d'Yves Saint Laurent.

Peau

D'une personne détestée, on déclare « je ne peux pas la sentir », d'une personne aimée à la folie, « je l'ai dans la peau ». C'est assez dire que l'odeur* de notre peau, de notre parfum, ou du mélange des deux, peut déclencher des passions…

Photographie de Josep Masana.

La peau de chaque être humain produit une odeur naturelle unique – qu'un chien policier saura reconnaître entre des milliers – résultant d'une formule chimique originale : chaque peau réagira donc différemment aux composants d'un parfum. Qui n'a déjà expérimenté un parfum délicieux chez tel ou telle, qui devient détestable sur soi ?

Les éléments qui font qu'une peau se marie harmonieusement ou non avec un parfum sont nombreux : âge, sexe, race, alimentation, climat, pression atmosphérique, etc. Il y a aussi des peaux qui « tiennent » le parfum et celles qui y sont rebelles (voir Ténacité). Il faudrait un ordinateur et un détecteur de composition chimique de la peau pour déterminer à la perfection quel parfum convient à une personne !

Le mieux est de tester sur sa peau de nombreux parfums avant d'en adopter un. Il faut également s'armer de patience avant de choisir*, car tel parfum, tout d'abord agréable, peut « virer » quelques heures plus tard. NDB

Prix

Flacon*, étui, main-d'œuvre, publicité* : le prix d'un parfum n'est pas limité au seul coût du jus et de ses matières premières. Les dépenses de fabrication se répartissent comme suit : 35 % pour la main-d'œuvre et les frais d'usine, 20 % ou davantage pour le flacon selon sa sophistication (voir Conditionnement), 15 % pour la pompe et le système de vaporisation, 10 % pour le bouchon-capot, souvent très complexe et fabriqué en matériaux qui ne le sont pas moins, 8 % pour le cartonnage et 10 % pour la fragrance. La règle veut que ce même coût de fabrication ne dépasse pas 30 % du prix de revient du produit fini. Les 70 % restant sont consacrés à la conception marketing et à la communication, incluant le lancement, la publicité, les opérations de promotion, les animations sur les points de vente.

Si les marges bénéficiaires sur le prix de vente sont des plus confortables, rien ne promet qu'elles soient assurées. Plus d'une centaine de nouveaux parfums masculins* et féminins sont commercialisés chaque année en France* (voir Production). Seule une poignée d'entre eux aura survécu quatre ans plus tard. Sur trois nouveaux produits lancés, on estime que l'un sera gagnant, que le deuxième ne perdra pas d'argent, que le troisième, enfin, sera déficitaire… MT

Production

Après une période difficile, qui a duré plusieurs années, le négoce du parfum se porte plutôt bien. Le nombre de nouveautés a quadruplé entre 1986 et 1996 pour atteindre près de cent cinquante lancements annuels. La croissance du secteur de la parfumerie est le double de celle des autres domaines industriels*. 40 % des ventes sont réalisées par les nouveautés, et trente-cinq marques dominent plus de la moitié du marché européen.
Afin d'étendre leur marché, les entreprises multiplient les opérations de promotion, les produits éphémères (parfums saisonniers, conditionnements* à collectionner*) et les petits contenants d'un prix* abordable. Chez Thierry Mugler, le premier flacon d'*Angel** acheté, on ne paye ensuite que le jus : les flacons sont rechargeables chez le distributeur. Lequel distributeur n'a parfois plus rien à voir avec la parfumerie traditionnelle. *CK* One* de Calvin Klein a été lancé dans les grands magasins de disques, d'autres sont vendus dans les discothèques à la mode... Autres manières d'élargir le marché : inventer des parfums pour enfants, développer la vente par Minitel ou sur Internet, fidéliser la clientèle par un échange de correspondance et l'envoi d'échantillons gratuits. Parallèlement à la « démocratisation* » d'un produit jadis luxueux, la plupart des marques revalorisent leurs parfums en créant ponctuellement des éditions limitées et numérotées, à un prix volontairement élevé. MT

Aquarelle de Thierry Marchal pour le *Petit Guerlain.*

The Powder Puff Number, film hollywoodien pour le lancement de *L'Heure Bleue* de Guerlain, 1925.

Publicité

Fut un temps où le parfum, avant son industrialisation*, était encore un privilège de « happy few ». Il n'était pas rare que les grands artistes (voir Nez) composent des senteurs presque sur mesure pour quelques-unes de leurs amies. Et le bouche à oreille était alors le meilleur agent publicitaire.
La société « de consommation* » a profondément modifié la donne. Sauf à pratiquer un artisanat en marge des grands réseaux de distribution (voir Indépendants), il n'est plus de

survie sans la publicité. Le premier lancement hors normes fut, en 1985, celui de *Poison*. La maison Dior n'hésita pas pour l'événement à louer le château de Vaux-le-Vicomte (dont la splendeur aurait provoqué la jalousie de Louis XIV et la disgrâce de Fouquet), à s'offrir Isabelle Adjani en fée marraine, et à dépenser dix millions de dollars pour le faire savoir. Résultat, un flacon vendu toutes les cinquante secondes ! Quatre ans plus tard, *Samsara* de Guerlain bat le record avec une campagne chiffrée à cinquante millions de dollars. Ce n'est plus de la publicité mais du matraquage !

À la fin des années 1990, après une décennie de crise, il n'est plus de mise d'étaler d'aussi somptuaires dépenses : avec une moyenne de trois millions de dollars par lancement, on semble être revenu à plus de sagesse. MT

RÉCOLTE

Des techniques et des traditions variées

Les matières premières naturelles* sont récoltées généralement selon des procédés agricoles, mais parfois avec des précautions particulières. La lavande* des Alpes-de-Haute-Provence est ainsi distillée sur place. Le jasmin* (aujourd'hui surtout cultivé en Inde*, en Égypte* et en Tunisie) et la rose* (au Maroc, en Bulgarie et en Turquie) nécessitent des soins très spéciaux : l'arôme naturel des fleurs étant plus faible le jour, la récolte se fait de nuit et se termine à l'aube par le transport des fleurs, qui doivent être immédiatement traitées, jusqu'aux distillateurs à proximité (voir Extraction). Certains bois, comme la cannelle de Ceylan, sont distillés également sur place, de façon traditionnelle et archaïque, mais avec une qualité de résultat inégalée. En revanche, des matières séchées comme les épices*, les bois, les résines (encens*) ou les rhizomes (iris*) sont expédiées aux acheteurs (par exemples les usines de Grasse*) qui s'occuperont eux-mêmes de leur distillation.

Cueilleuses d'ylang ylang, île de Mayotte.

Certains produits sont récoltés fleur à fleur, comme la rose et le jasmin, d'autres sont exploités de façon quasi industrielle, tel le cèdre ou l'eucalyptus. Suivant le terroir, le climat et les méthodes de travail, la qualité d'un même produit est différente d'un pays à l'autre. Le prix* varie en conséquence : ainsi l'absolue de rose de Bulgarie se vend plus cher que celle de la rose du Maroc. Il existe aussi des millésimes et des lots : un peu trop de sécheresse, et l'essence de mandarine de Sicile sera décevante, un peu trop d'humidité, et la rose sera faible… Sans parler de l'essence la plus rare, l'une des plus chères au point d'être cotée au jour le jour, l'agarwood d'Inde : il s'agit d'une résine qui n'apparaît sur l'arbre que lorsque celui-ci est malade. Il existe des « chasseurs d'Agar » dont le travail consiste à se promener en forêt afin de découvrir les arbres malades et donc exploitables. NDB

Rites

Deux rituels fondamentaux associaient les substances parfumées au culte des dieux : la fumigation et l'onction. Ce qui montait en se dispersant dans l'air était censé parvenir aux divinités, surtout la fumée des feux sacrés associés aux sacrifices, aux libations et aux chants, plus précieuse si l'on pouvait brûler des bois aromatiques et mieux encore des résines, de préférence coûteuses comme l'encens*. Du sanctuaire publique ou privé, l'usage des fumigations a gagné les demeures (voir Intérieur). Les coutumes populaires des petites sociétés traditionnelles nous révèlent des pratiques médico-magiques conservées depuis l'Antiquité*. Au Maghreb, des fumées de benjoin entourent le nouveau-né ; d'autres fumigations préparent au voyage, participent au retour, accompagnent les rites de passage, baignent la maison (voir Intérieur) ou encore rendent hommage à un arbre précieux. On sait le rôle joué par l'encens dans les rites chrétiens ou bouddhiques, et d'une façon générale dans tous les cultes.

L'onction consistait à enduire d'huile ou de pâte parfumée et consacrée certaines parties des sanctuaires, les autels, les statues, les objets de culte, la tête et les mains des souverains, des prêtres, les malades, les armes, les montants de la porte de la maison et tout ce qui devait être glorifié ou préservé. Cet usage plusieurs fois millénaire est passé dans le christianisme avec le saint chrême composé d'huile d'olive et de baume de Judée. Fumigations, onctions et offrandes parfumées accompagnaient les funérailles. Dans le monde musulman et en Inde*, on pratique encore des rituels de purification pour l'accueil des visiteurs, par des aspersions d'eau de rose* ou de jasmin*. En Amérique centrale, le copal d'origine précolombienne remplace l'encens. GV

John Singer Sargent, *Fumée d'ambre gris*, v. 1880. Williamstown, Starling & Francine Clark Institute.

ROSE

Aucune essence n'a inspiré autant de parfums, aucune n'est présente dans tant de compositions. Elle est souveraine en Orient, mais fut aussi à la mode en France*, sous Louis XIV, ou à la cour d'Angleterre (elle constituait la base du parfum d'Henri VIII).

La tradition de la culture de la rose pour son parfum vient de Perse. Aujourd'hui encore, la rose est présente dans tout le Moyen-Orient, parfumant les boissons et les douceurs, comme le loukoum. La rose cultivée pour la parfumerie est principalement la *Rosa damascena*, originaire de Syrie (qui signifie « Pays de la Rose »), qui donne les absolues et les huiles essentielles en Bulgarie, en Turquie et au Maroc. La *Rosa centifolia*, autrement dit la rose de mai de Grasse*, n'est plus cultivée en Provence qu'à titre symbolique, notamment pour la maison Chanel. Trop coûteuse, l'essence de Grasse était pourtant la plus recherchée…

La rose se distille ou, par enfleurage (voir Extraction), devient concrète et absolue. Le résidu de la distillation

Rosa centifolia, Grasse.

donne l'eau de rose utilisée dans la cuisine* orientale, qui apprête aussi les pétales confites en « gelée de rose » et les boutons séchés, réduits en poudre, dans la composition du raz-el-hanout (voir Épices) ou comme médicament. La plus imitée des essences – il existe une vingtaine d'essences synthétiques* de roses – est l'une des plus fragiles : elle rancit à la chaleur.

Le parfum de rose est par excellence celui de l'amour. Vénus fit de la rose son « emblème ». Cléopâtre entraîna Marc Antoine sur un lit de pétales de roses de 45 cm d'épaisseur pour sa première nuit d'amour ! On trouve d'ailleurs la rose partout dans le monde gréco-romain (voir Antiquité). Apollonius, dans son *Traité* des meilleurs parfums*, cite des « crus » de roses : Cirene, Phaeselis, Napoles et Capoue. Pline donne des recettes d'onguents, et Marestheus la mentionne comme remède contre la dépression. Avicenne, ayant redécouvert le principe de la distillation, l'appliqua d'abord à la rose. Le succès fut immédiat… Il ne s'est jamais démenti depuis. NDB

ROUTES

Des itinéraires tortueux

Routes de la soie, des épices*, des parfums… Expressions de poètes épris de géographie ! En réalité, il y eut pendant plus d'un millénaire un nombre considérable d'itinéraires tortueux, jamais sûrs, variant d'une année à l'autre à cause des rivalités d'une multitude de peuples. Les plus anciennes routes furent celles où l'on pouvait établir des relais, des postes, des escortes armées, évitant les déserts, les pillards, les cols enneigés et les péages onéreux. Dans une relative sécurité, les caravanes chargées d'or, de soieries et de produits coûteux cheminaient péniblement entre les rives orientales de la Méditerranée et l'Inde* ou la Chine* du Nord (voir Antiquité). Chaque pays traversé y trouvait son intérêt, mais certains États protectionnistes constituaient un barrage infranchissable. C'était le cas de la Perse. L'expédition d'Alexandre le Grand le brisa, mais il se reconstitua avec les Parthes, les Sassanides et plus tard l'Islam. Il fallait contourner cet obstacle en passant au sud du Caucase, assurant ainsi la fortune de Samarcande.

Au début de notre ère, un marin, Hippalos, découvrit le secret des caboteurs éthiopiens, perses et arabes : les vents de mousson. Dès lors, et pour 200 ans, les Romains disposèrent d'une route maritime qui de la mer Rouge rejoignait les ports de l'Inde, de la Chine et de Ceylan. Cette route maritime tomba aux mains des Perses puis des navigateurs musulmans.

Au XIIIe siècle, les Vénitiens profitèrent des Croisades pour s'assurer le monopole du commerce des produits de luxe et des matières premières de parfumerie, fournis par leurs comptoirs de la mer Noire et de Chypre (voir Italie). Le repliement sur elle-même de la Chine des Ming (1368-1643) mit fin aux vieux itinéraires terrestres. Mais déjà les Portugais et les Espagnols, précipitant le déclin de Venise, avaient ouvert de nouvelles routes maritimes vers l'Extrême-Orient. GV

Voyage d'Alexandre le Grand sur la mer de Chine.
Manuscrit persan, v. 1550.
Saint-Pétersbourg, Institut d'études orientales.

SANTAL

Le santal blanc (*Santalum alba*) est originaire de l'Inde*. La variété qui donne la meilleure essence vient de Mysore. On le trouve aussi à Madras, Timor, au Sri Lanka et en Indonésie. Le santal australien provient d'un arbre différent, l'*Eucaria spicata*. Aujourd'hui cultivé en vastes exploitations, le santal est en fait un parasite qui pousse sur les racines d'autres arbres et atteint 12 m de hauteur. Il faut environ trente ans pour qu'il atteigne la taille idéale pour être coupé et distillé. L'odeur* du santal, extrêmement tenace, se marie bien avec les notes florales et orientales. Il entre dans la composition de deux familles* de parfums, les « chyprés » et les « fougères ».

Cultivé en Inde depuis 4 000 ans, le santal est par excellence l'arbre mystique de ce pays. Son bois, qui résiste aux vers et à la moisissure, est utilisé pour les sculptures et les portes des temples qu'il parfume naturellement : la porte du temple de Somnath date de près de 2 000 ans ! Ce bois est aussi transformé en talc, couramment employé par les Indiens. L'essence de santal est utilisée au cours de nombreux rites* religieux et des cérémonies de mariage. Plus spécialement dédié à Vishnu, le santal est souvent associé à l'*attar* (« parfum », en hindi) de rose* et est utilisé lors des rites de purification des péchés, le dernier jour de l'année hindoue (12 avril). Dans la philosophie tantrique, le santal est recommandé exclusivement pour les hommes.

Lors du rite funéraire musulman, le santal est déposé dans un encensoir aux pieds du mort. Les Japonais en brûlent dans les sanctuaires bouddhiques (voir Jeu). En Europe, son apparition remonte à la présence arabe en Espagne : le fameux cuir de Cordoue était parfumé au santal. On découvrit au XIXe siècle ses vertus bactéricides. Mais le santal ne connut de succès en parfumerie qu'au début du XXe siècle, avec notamment *Chypre** (1917) de François Coty. Aujourd'hui très recherché, il est devenu une essence de plus en plus chère. Il existe bien sûr diverses copies synthétiques* et plusieurs substituts, comme le sandalore. Mais rien de tel qu'une très pure harmonie de santal naturel*, comme le *Santal de Mysore* de Lorenzo Villoresi ou de Serge Lutens (voir Indépendants). NDB

Copeaux de santal blanc.

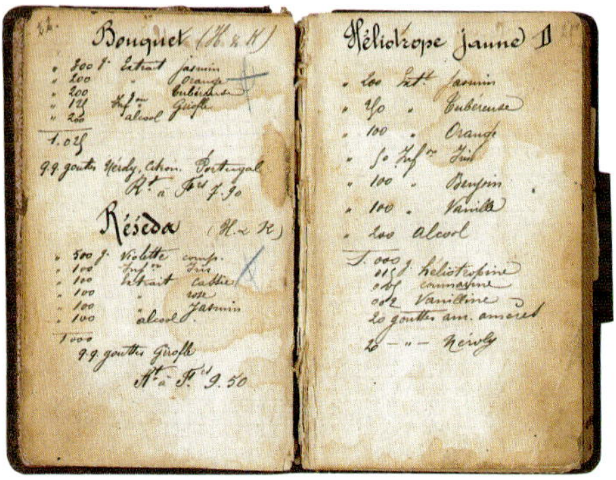

Cahier de formules du parfumeur Molinard, v. 1905.

Secret

Cela commence dans l'atelier d'un parfumeur indépendant* ou dans un grand laboratoire spécialisé : les formules composées pour les célèbres clients qui les signeront – couturiers*, vedettes du *show-business* ou du sport*, marques de cosmétiques – sont souvent totalement ou partiellement hermétiques à ceux-là mêmes qui les ont commandées. Tel composant, telle association, tel dosage restera secret dans une formule dite « fermée » ou « semi-fermée » dont le fabriquant, garantissant ainsi son droit de fabrication* (et sa principale source de revenu), sera le seul dépositaire. Le brevet de parfum n'existant pas, on ne connaît pas d'autre protection contre la contrefaçon*.

Est-ce parce qu'il fut jadis lié à la magie que le parfum s'entoure ainsi de mystère ? À titre individuel, il est rare que l'on aime sentir sa fragrance préférée sur la peau* d'un autre. Si le parfum participe de l'identité et de l'intimité profonde, le retrouver porté par un tiers peut générer une sensation de vol. De même, reconnaître l'odeur* d'un être aimé sur un inconnu est souvent troublant... Certains toutefois, loin de s'en offusquer, sont ravis de partager leur parfum avec ceux qui leur plaisent, comme une affinité supplémentaire. MT

SOLIFLORE : RÉINVENTER LA SENTEUR D'UNE FLEUR

Un peu tombés en désuétude, les parfums soliflores, composés autour d'une fleur dominante, sont nés avec l'invention de la chimie et de la distillation (voir Alambic), au tournant du Moyen* Âge et de la Renaissance. Le premier parfum alcoolique connu, l'*Eau de la Reine de Hongrie*, créée* en 1370, n'était semble-t-il rien d'autre qu'un assemblage de fleurs de romarin et d'eau-de-vie distillées. Dès la fin du XIVe siècle, les eaux de rose* (fleur importée d'Orient par les croisés), de lavande*, violette et fleurs d'oranger font l'objet d'un important négoce. L'*Eau de Lys* des dominicains de Santa Maria Novella, à Florence, s'exporte dans l'Europe entière (voir Italie). Sous Louis XIII, la princesse de Nerola s'entiche d'une eau de fleurs d'oranger qui prend son nom et devient l'*Essence de Néroli*. Au XVIIIe siècle, on délaisse les fragrances lourdes et musquées pour des parfums plus légers et plus frais. Des parfumeurs, devenus célèbres, composent pour la Cour : Jean-François Houbigant (voir Nez) fournit à Marie-Antoinette une essence de violette réputée. Sous le Second Empire, épris d'hygiène*, les gazettes au fait de la mode conseillent de « préférer à toute autre les eaux de violette, d'iris* ou de mimosa ». Au début de la parfumerie moderne, on tente de reconstituer la rose (*Rose Jacqueminot*, Coty), le jasmin* (Molinard), le narcisse (*Narcisse Noir*, Caron), ou le gardénia (Chanel). Parfums fugaces et aériens des fleurs telles que la nature les fit. Le dernier sans doute des grands soliflores date de 1956 : c'est l'illustre *Diorissimo* (Dior) à l'exquise senteur de muguet réinventée. MT

Poudres, savons odorants et lotion *Viera -Violetta* de Roger et Gallet.

Sport

Argument marketing de poids, surtout dans le domaine des eaux masculines*, le sport est souvent associé au parfum. Revigorant, rafraîchissant, stimulant : les arguments ne manquent pas pour inciter à se parfumer avant ou après l'effort. Tant que les effets aromathérapeutiques* des essences, largement diluées dans l'alcool, ne seront pas vérifiés, on peut toutefois avoir des doutes sur les performances qu'elles sont supposées favoriser.
Il est en revanche indéniable que quelques gouttes d'une eau de Cologne* hespéridée* sont comme une bouffée d'air frais lorsqu'on s'est beaucoup dépensé. Mieux vaut en effet une eau légère et peu envahissante qu'un effluve capiteux lorsqu'on s'apprête à exsuder sa propre sueur. Ainsi, l'*Eau de Cologne* d'Hermès, récemment rebaptisée *Eau d'Orange Verte*, appartient depuis longtemps à la famille des eaux « sportives » appréciées des deux sexes (voir Androgyne). De fait, presque tous les jus qui se réclament du sport sont peu lourds, à forte volatilité*. Il en était ainsi des premiers d'entre eux, *Men's Club* de Rubinstein en 1966, ou *Équipage* d'Hermès en 1970, il en est de même pour les plus récents, comme *Polo Sport* de Ralph Lauren ou *Adidas*. MT

Suggestivité

Le parfum ne sert pas qu'à envelopper les corps d'effluves agréables. Il flatte aussi l'esprit de façon souvent insoupçonnée, voire insidieuse, lorsqu'il se nomme « arôme ».
Dans les années 1960, on vaporisait une odeur* dite « fauve » sur les sièges de certaines Chevrolet pour induire l'idée du vrai cuir ; aujourd'hui encore, une odeur de « voiture neuve » faite de relents huileux, cuirés et métalliques est pulvérisée dans des véhicules d'occasion pour donner l'illusion du rutilant. Dans le commerce alimentaire, il est fréquent de diffuser des arômes « incitateurs » : pain frais, beurre et sucre cuit devant une boulangerie industrielle ; beurre fondu et caramel dans les salles de cinéma américaines pour pousser les spectateurs à la consommation de pop-corn. Même les fleuristes s'y mettent, à qui il arrive de vaporiser les freesias d'une essence de synthèse puissamment évocatrice mais ultra-fugace (vingt-quatre heures après l'achat, ne reste plus que le parfum ténu de la fleur poussée en serre).
Présents aussi dans le monde du travail, les arômes sont sensés apaiser le stress (voir Aromathérapie) et accroître la productivité des salariés. Une senteur « plaine verdoyante » augmente la vitesse de frappe des dactylos. Au Japon, une entreprise spécialisée propose un système informatisé de diffusion d'arômes sur les chaînes d'assemblages : de la menthe pour réveiller les ouvriers fatigués, de la lavande* pour les calmer, du citron pour les stimuler… MT

Polo Sport de Ralph Lauren.

Usine des parfums Yves Rocher.

Synthétiques

Le développement de la chimie organique à la fin du XIXe siècle, n'épargne pas la parfumerie. D'abord sous forme de répliques – compositions synthétiques d'essence de rose*, de jasmin*, etc. – les essences chimiques deviennent indispensables à la parfumerie moderne : ce sont plus de 2 000 produits qui sont aujourd'hui utilisés par les laboratoires spécialisés. Ceux-ci, comme Sanofi, Givaudan-Roure ou IFF, sont les filiales de grands groupes chimiques et pharmaceutiques.

La fabrication* industrielle des parfums contemporains nécessite l'usage de produits de synthèse pour des raisons d'efficacité et de coût. En effet, les essences naturelles* sont très irrégulières : comme les vins, elles ont leurs bonnes et leurs mauvaises années en qualité et en quantité. L'industrie* ne peut se permettre d'être tributaire de tels aléas. Surtout, le coût d'un produit naturel est sans commune mesure avec celui d'un produit synthétique : ainsi, une très belle rose bulgare vaudra 25 000 francs le kilo, et sa réplique cent fois moins ! Dans le prix* final d'un flacon de parfum, le consommateur* ne débourse que 3 % environ pour le parfum proprement dit (emballage, marketing, commercialisation et impôts se taillent la part du lion) et finalement environ 1 % pour les essences qui le constituent ! C'est dire le miracle que les produits synthétiques ont permis pour le développement de l'industrie de la parfumerie.

C'est le célèbre parfumeur Houbigant (voir Nez) qui a le premier utilisé, en 1882, la coumarine pour sa fameuse *Fougère.* Il sera suivi par Guerlain (voir Jicky), puis par Ernest Beaux, qui crée* en 1921 *Chanel* n° 5* en utilisant de manière massive les aldéhydes. NDB

Ténacité

« Mon parfum ne tient pas » : phrase mille fois entendue ! La ténacité d'un parfum dépend de ses composants, de leur volatilité*, et de l'excipient qui les porte. L'alcool, presque instantanément évaporé, fixe moins bien les molécules qu'un corps gras (voir Conservation). Se par-

Jeannette Mac Donald dans *La Veuve joyeuse,* film d'Ernst Lubitsch, 1934.

fumer avec une crème pour le corps est un bon moyen de garder sa senteur : d'après les compositeurs de fragrances, ce sont d'authentiques parfums bis, au plus près de la formule initiale. Dosés à environ 7 % et employés après le bain (la chaleur de l'eau dilate les pores de la peau* et facilite la pénétration), ils représentent « la » solution des épidermes qui ne retiennent pas les senteurs volatiles.

On peut également ne parfumer que ses vêtements. Les fibres des tissus gardent parfaitement les corps odorants, ne les modifient pas par un pH trop acide ou alcalin, et diffusent toute la journée la fragrance dont elles sont imprégnées. Mais attention aux taches : faire un test préalable sur la doublure ou l'ourlet. Autre possibilité, la chevelure. Le cheveu, composé d'écailles superposées, est lui aussi un excellent support au parfum qui s'y accroche sans plus en bouger. MT

Traités

Bien avant les parfumeurs (voir Corps de métier), les naturalistes et les médecins grecs se sont occupé des substances odoriférantes et de leurs usages. Le plus ancien ouvrage thématique est dû à un disciple d'Aristote, Théophraste, auteur d'un *Traité des odeurs* rédigé au IVe siècle av. J.-C.

Des nombreuses monographies qui ont suivi, liées aux noms d'Apollonius Mys, d'Aspasie de Milet, de Cléopâtre, du médecin Criton, il ne reste que des fragments mentionnés par des polygraphes de l'Antiquité*. L'*Histoire naturelle* de Pline l'Ancien contient heureusement une foule de renseignements sur l'abondante parfumerie du monde gréco-romain. Les compilations scientifiques arabes et les encyclopédies byzantines furent traduites et colligées à Venise (voir Italie), puis publiées dès la fin du XVe siècle. Elles ont contribué, avec les grands ouvrages des botanistes rhénans, à la publication vénitienne, au long du XVIe siècle, de volumes consacrés à la cosmétique et surtout à la parfu-

Opera nova piacevole ..., 1551, Venise.

merie. Il s'en détache les *Notandissimi Segreti dell'Arte Profumatoria* parus en 1555, premier traité européen raisonné et pratique.

Au XVIIe siècle, la France*, lassée des modes italiennes dans tous les domaines, revendique un modèle national dans une série de traités : en 1696 paraît *Le Parfumeur royal*, repris en 1698 sous un titre éloquent, *Le Parfumeur français*. À partir de la Régence, le retour des fragrances douces va amener la publication, à Paris, de nombreux recueils de recettes. Dès le milieu du XIXe siècle, les progrès immenses de la chimie, de l'industrie* et de la recherche historique suscitent l'impression d'un nombre considérable d'ouvrages techniques. GV

TUBÉREUSE

Polianthes tuberosa.

Cueillette des fleurs de tubéreuse, Inde.

Des tubéreuses, Émile Zola écrivait que lorsqu'elles se décomposent, « elles ont une odeur* humaine ». En effet, ces fleurs étranges, en forme de long plumeau parsemé de clochettes blanches, continuent de renouveler leurs molécules odoriférantes plus de quarante-huit heures après avoir été coupées. Jadis abondante sur la Côte d'Azur, en particulier à Grasse*, la tubéreuse a disparu de nos rivages, chassée par la spéculation immobilière. Il faut désormais aller jusqu'en Inde* la cueillir sur les berges de l'Indus.

C'est en Inde encore que l'on en tire la substantifique moelle, grâce à l'ancestrale technique de l'enfleurage (voir Extraction). Les fleurs sont déposées une à une sur un châssis de bois tendu d'une toile, elle-même enduite d'un corps gras sans odeur. Oubliées en cave le temps nécessaire, on laisse les inflorescences exsuder toutes leurs cires parfumées avant de les retirer à la main. L'opération est répétée trente à quarante fois de suite jusqu'à saturation totale. On dissout ensuite la graisse avec un solvant volatile type benzène ou hexane, ce qui donne, après évaporation du solvant, une pâte brune appelée « concrète ». Laquelle, après divers traitements d'épuration, se concentre en « absolue », quintessence de l'essence.

L'opération est longue, ruineuse, méticuleuse. Mais, au final… se révèle la folle odeur de la tubéreuse, puissante, obsessionnelle, voire incommodante pour les odorats sensibles (voir Olfaction). Odeur de corruption travaillée par l'acidité, odeur de moiteur confite, de nectar vénéneux, odeur féroce et absolument envoûtante. Si dominatrice et violente qu'elle semble effrayer même les parfumeurs qui ne s'en servent qu'avec parcimonie.

La tubéreuse est rare, à fortiori en soliflore*, puisque seul l'immense *Fracas*, composé par Germaine Cellier (voir Nez) pour Robert Piguet en 1948, s'y est risqué. On peut toutefois la retrouver dans les redoutables *Giorgio Bervely Hills* (Fred Heymann) et *Poison* (Christian Dior) dont elle constitue le pivot central. MT

Vente de parfums Balmain, 1951-1952.

Vent Vert

Rares sont les couturiers* qui lancèrent un parfum dès leurs débuts. Le seul à réussir dès le premier essai fut Balmain, avec *Vent Vert*, en 1947. Le coup de génie de Pierre Balmain fut de ne pas tenter d'imiter ses aînés, et de faire appel à Germaine Cellier (voir Nez).

Cette femme, avec une audace inouïe, inventa une nouvelle famille* de parfums, celle des « fleuris verts », à total contre-courant des tendances florales à dominante de rose* ou de fleurs blanches qui se partageaient alors le marché.

Elle crée* un jus à base de galbanum, une essence d'Iran, extrêmement astringente et difficile à manier. La « note de tête » est citronnée, avec une touche délicate de fleurs d'oranger et de feuilles de violettes. Le « cœur » est vert : galbanum, basilic avec une touche de géranium et, tout de même, de jasmin*. Le « fond » est tout en santal* et iris* afin que *Vent Vert* soit aussi sensuel qu'un vent d'Arabie... Balmain restera fidèle à Germaine Cellier : elle créera *Élysées 64-83*, *Jolie Madame*, *Monsieur Balmain* et une *Eau de Géranium* que Pierre Balmain se réserva pour lui seul ! NDB

Vétiver

Le mot vétiver vient du tamoul *vettiveru.* Aujourd'hui, cette graminée, du genre andropogon, est surtout cultivée à La Réunion et en l'Indonésie. Elle s'adapte bien aux climats tropicaux et connaît un fort essor

ces dernières années : facile d'exploitation, cette grande herbe pousse presque spontanément. Ce sont ses racines qui fournissent l'essence (voir Extraction) ; jadis on les utilisait à la fois pour parfumer les armoires et pour en éloigner les mites.
Le vétiver est distillé sur ses lieux de récolte*. Il fournit les notes vertes dans les compositions classiques de la famille* « fougères ». Le vétiver représente par excellence le type des parfums exotiques non floraux : une image de forêt amazonienne, rude et sauvage.
De nombreux parfums portent son nom, qui ont constitué des « classiques » indétrônables dans la gamme des parfums masculins*, notamment pour les marques Guerlain, Givenchy et Caron. C'est presque une drogue… Il est des consommateurs* qui ne peuvent plus s'en passer et utiliseront leur parfum au vétiver toute leur vie ! NDB

Volatilité

Composé comme une pyramide à trois étages, le parfum est une construction de matières premières que l'on pourrait dire empilées les unes sur les autres en fonction de leur volatilité. En « notes de tête », les plus fugaces, celles dont le degré d'ébullition est le plus bas : hespéridés*, agrestes, feuilles fraîches, aldéhydes. Légères et pointues, on les perçoit dès la première aspiration mais elles s'évaporent en quelques minutes. En « notes de cœur »,

Récolte de vétiver, île de la Réunion.

le corps de la fragrance, qui se maintient une heure ou deux : herbes aromatiques, notes vertes, essences de fleurs, épices*. En « notes de fond », la base, la structure fondatrice de la formule, dont les composants sont les moins vifs mais persistent entre plusieurs heures et plusieurs jours : absolues, bois, mousses, résinoïdes, racines, essences animales*. Ce sont eux qui fixent la composition et lui donnent sa ténacité*. Un extrait est plus chargé en « notes de cœur » et « de fond » qu'une eau de toilette ou de Cologne* (voir Concentration). MT

Youth Dew

C'est l'histoire d'une *success story*. Son initiatrice en même temps que sa bénéficiaire s'appelle Estée Lauder, une cosméticienne déjà fort connue aux États-Unis* lorsqu'elle décide, en 1953, de lancer une huile de bain parfumée. Les méchantes langues disent que la dame est anosmique (invalide de l'odorat) et qu'il lui faut pour éprouver le début d'un frémissement le quintuple de ce qui sature n'importe quel nez normal (voir Olfaction). Il est vrai qu'à l'origine son huile est concentrée* à 70 %, un record absolu ! Les consommatrices* américaines s'enthousiasment pour cette senteur hors normes : épicée* en diable, tenace* *ad vitam* (le support huileux fixe l'effluve la journée durant), toute ondoyante d'ambre et d'encens*. Pour la première fois, un produit parfumant répond à leurs attentes : puissance, facilité d'emploi (le bouchon a oublié son traditionnel baudruchage pour n'intimider personne), prix* abordable. C'est la ruée. Et l'Europe découvre que l'Amérique est au parfum. MT

Publicité pour la parfumerie Rimmel.

I N D E X

BIBLIOGRAPHIE SÉLECTIVE

Ouvrages généraux

A. Monery, *L'Âme des parfums*, Paris, Quillet, 1924.

E. Launert, *Scent and Scent Bottles*, Londres, Barries & Jenkins, 1974.

O. Moreno, R. Bourdon, Edmond Roudniska, *L'Intimité du parfum*, Paris, Perrin, 1974.

Marylène Delbourg-Delphis, *Le Sillage des élégantes*, Paris, J. -C. Lattès, 1983.

J. Y. Jones-North, *Perfume, Cologne and Scent Bottles*, Schiffer Publications, 1986.

Jacques Vignaud, *Sentir*, Paris, Gamma, 1983.

Paul Faure, *Parfums et aromates de l'Antiquité*, Paris, Fayard, 1987.

E. Rimmel, *Le Livre des parfums*, Layet, 1987.

Georges Vigarello, *Le Propre et le sale : l'hygiène du corps depuis le Moyen Âge*, Paris, « Points-Seuil », 1987.

Georges Vindry, *Le Passage du Moyen Âge aux Temps modernes. Les premiers traités imprimés de parfumerie*, Université de Nice, centre d'Études médiévales, actes du IIIe Colloque international, 1987.

Edmond Roudniska, *Le Parfum*, Paris, P. U. F., « Que sais-je ? », 1990.

J. S. Jellinek, *L'Âme du parfum*, Paris, Images, 1992.

Baccarat, les flacons à parfum, Paris, H. Addor, 1994.

Élisabeth Barillé, Catherine Laroze, *Le Livre du parfum*, Paris, Flammarion, 1995.

Fabienne Pavia, *L'Univers des parfums*, Paris, Solar, 1995.

Éliane Perrin, *L'Âge d'or de la parfumerie à Grasse, d'après les archives Chiris 1768-1967*, Édisud, 1996.

Annick Le Guérer, *Les Pouvoirs de l'odeur*, Paris, Odile Jacob, 1998.

Catalogues d'expositions

3 000 ans de parfumerie, Grasse, musée d'Art et d'Histoire, 1980.

Parfums de plantes, Paris, Muséum d'histoire naturelle, 1987-1988.

Perfumes and Cosmetics in the Ancient World, Jerusalem, Israel Museum, 1989.

Hymne au parfum, deux siècles d'histoire dans les arts décoratifs et la mode, Paris, musée des Arts de la mode, 1990-1991.

Crédits photographiques : AIX-EN-PROVENCE archives Georges Vindry 29b, 69, 111 ; COLOGNE, archives Muelhens 22, 43 ; FLORENCE, archives Santa Maria Novella 80-81 ; GRASSE, archives Fragonard 116 ; collection Molinard 44b /Michel Cresp 108h ; musée international de la Parfumerie 25, 46 ; LONDRES, Peter Aprahamian 74h ; Anthony Blake Photo Library 38h ; Boham's 66-67b, 67h ; British Museum 84h ; archives Harrod's Ltd. 37b ; Hulton Deutsch 50 ; Kobal Collection 60, 99b ; PARIS, Bios 106 ; Philippe Bonduel 78 ; Ali von Bothmer 6, 10, 23, 37h, 42, 45b, 52, 77 ; Guy Bouchet 64-65 ; Jacques Boulay 18-19, 58 ; Nicolas Bruant/Caroline Lebeau 45h ; archives Caron 21b ; archives Chanel 38b /Cyril Le Tourneur d'Ison 73, 83, 94, 112 ; Cosmos/Perri 95 ; Dagli Orti 4-5, 13, 35, 39, 48, 55, 59, 66h, 91, 96-97b ; archives Christian Dior 53 ; École Cinquième Sens 54 ; archives Flammarion 15h, 21h, 41b, 68h, 74b, 79, 81b, 92-93 ; archives Guerlain 15b, 84b, 99h ; Hoa Qui 51, 102-103 /Valentin 87 ; Jacana 33h, 57, 113, 115b /Michel Viard 26 ; archives Calvin Klein 30h, 41h ; archives Lanvin 68b ; archives Jean Patou 85 ; archives Nina Ricci 29h ; B. Pellerin/Imapress 16 ; Alain Lecler/Institut français d'archéologie orientale 11 ; Magnum 110h /Marc Riboud 27 /J.K. 30b /Ferdinando Scianna 56 /Salgado 62 /Stock 63 /René Burri 71 ; Marie-Claire Beauté/Gilles de Chabaneix 17 ; Josep Masana 98 ; Ministère de la Culture/François Kollar 96h ; archives Thierry Mugler 31 ; archives Ralph Lauren 109 ; Rapho/Sabine Weiss 24 ; Retrograph Archive Ltd 7, 15h, 81b, 21h ; Réunion des musées nationaux 12, 14, 36, 72 ; Robertet 28 ; archives Roger & Gallet 108b ; Roger-Viollet 49, 75, 88, 114h ; archives Yves Saint Laurent 97h ; Sip/Côté Sud-Bernard Touillon 61 ; Galerie Vallois 76 ; Véron et Skinner 44h ; SAINT-PÉTERSBOURG, Institut d'études orientales 104-105 ; VANVES, Explorer 34, 32-33, 100 /Mary Evans 20 /Lescourret 47 ; WASHINGTON, National Gallery of Art 89 ; WILLIAMSTOWN, Starling and Francine Clark Art Institute 101.

Directeur de la Série Art de vivre : Stéphane MELCHIOR-DURAND
Coordination éditoriale : Béatrice PETIT
Lecture-corrections : Catherine BRAY
Direction artistique : Fréderic CÉLÉSTIN
Mise en pages : Thierry RENARD
Photogravure, Flashage : Pollina s.a., Luçon
Couverture imprimée par Pollina s.a., Luçon
Achevé d'imprimer et broché en octobre 2004 par Pollina s.a., Luçon

ISBN : 2-08-012591-5
ISSN : 1275-2789
N° d'édition : FA 2591-5
N° d'impression : 94895
Dépôt légal : novembre 1998

Imprimé en France

Page 4-5 : Jean-Gabriel Domergue, *La Garçonne*, 1925. Aquarelle. Coll. part..
Page 6 : *L'Eau d'Issey* d'Issey Miyake